U0149135

《毛詩李黃集解》研究

黃忠慎著

文史哲學集成
文史哲出版社印行

國家圖書館出版品預行編目資料

《毛詩李黃集解》研究 / 黃忠慎著. -- 初版 --
臺北市：文史哲，民 106.05
　　頁；　公分. -- （文史哲學集成；698）
　　ISBN 978-986-314-367-3（平裝）

1. 詩經　2. 研究考訂

831.117　　　　　　　　　　　　106006958

文 史 哲 學 集 成　　698

《毛詩李黃集解》研究

著　　者：黃　　　　忠　　　　慎
出 版 者：文　史　哲　出　版　社
　　　　　http://www.lapen.com.tw
　　　　　e-mail：lapen@ms74.hinet.net
登記證字號：行政院新聞局版臺業字五三三七號
發 行 人：彭　　　　正　　　　雄
發 行 所：文　史　哲　出　版　社
印 刷 者：文　史　哲　出　版　社
臺北市羅斯福路一段七十二巷四號
郵政劃撥帳號：一六一八〇一七五
電話886-2-23511028 · 傳真886-2-23965656

定價新臺幣三〇〇元

2017 年 （民 一 〇 六） 五 月 初 版

ISBN 978-986-314-367-3　　　　00698

序

　　1999 年，筆者擔任李師威熊之科技部（當年稱為「國科會」）研究計畫協同主持人，次年，在李師的鼓勵之下，筆者以朱子《詩經》學為研究主題，申請科技部研究計畫而獲通過，也由此而開啟了個人的《詩經》學持續研究之路。

　　科技部重視計畫主持人的研究成果，筆者也陸陸續續將研究所得發表於國內評價較高的一些國學學術期刊，包括《中國文哲研究集刊》、《臺大中文學報》、《臺大文史哲學報》、《漢學研究》、《清華學報》、《文與哲》、《成大中文學報》、《國文學報》、《東吳中文學報》⋯⋯等，每隔一段時間，筆者就將已發表之論文結集成書，這本《《毛詩李黃集解》研究》就是筆者繼《朱子《詩經》學新探》、《嚴粲《詩緝》新探》、《范處義《詩補傳》與王質《詩總聞》比較研究》、《清代《詩經》學論稿》、《清代獨立治《詩》三大家研究：姚際恆、崔述、方玉潤》、《輔廣、楊簡《詩經》學研究》之後的第七本執行科技部相關研究計畫案的成果，而本書之可以高效率地完成，當感謝從遊張政偉（意見討論）、簡澤峰（數據統計）與吳雯雯（資料蒐羅）之協助。

　　宋儒治《詩》充滿活力，在此之前，《詩序》堪稱理解詩篇的主要依據，而《毛詩傳箋》、《毛詩正義》更是學者公認的權威文本，分別代表《詩經》研究的重要里程碑，然而，宋儒往

往質疑《詩序》的神聖性，也未必皆能信服漢唐權威文本的解《詩》成績，於是，宋代出現了許多極具創新精神的解《詩》之作，也出現了朱熹《詩集傳》這樣的另一個權威讀本，值得注意的是，宋儒尊重傳統者也所在多有，其研《詩》成果也有很高的評價，如此，宋代新派《詩經》學著作一方面要與傳統的權威文本爭勝，一方面還要與同時代的舊派學者之論述交鋒，也因此而成就了輝煌的宋代《詩經》學。誠然，《詩集傳》受到的批評也不少，但正如夏傳才所言，「我們評價歷史人物及其著述，不是看他們是否提供了我們現在要求的東西，而是看他們較之他們的前人提供了什麼新的東西。《詩集傳》是在宋學批評漢學和宋代考據學興起的基礎上，宋學《詩經》研究的集大成著作，是《毛詩傳箋》、《毛詩正義》之後，《詩經》研究的第三個里程碑。」（夏傳才：《詩經研究史概要》〔臺北：萬卷樓圖書公司，1993 年 7 月〕，頁 172）

朱熹是最負盛名南宋學者，但在北宋時期，已經出現了不少創造力十足的《詩經》研究著作，其中尤以歐陽修、王安石、蘇轍三人名氣最響，貢獻最大，也顯著地展現宋學治經的特色。

北宋的《詩經》學研究成果累積至一定之數量時，品質必然有再度躍升的要求。朱熹《詩集傳》在北宋新派《詩經》學者的基礎上，為《詩經》解釋提出重大的突破，這是《詩經》學史上的大事。但問題是，朱熹《詩集傳》之完成，距離歐陽修《詩本義》的推出已有百餘年之久，距離蘇轍《詩集傳》也有七、八十年的時間差距。其間北宋新派《詩經》學者的影響與後繼學者對其之取捨臧否，在《詩經》學史上較無描述，這是《詩經》學史論述上的一段空白。事實上，在南宋初期，已

有學者對北宋新派《詩經》學者的意見進行整理,其中最早者為李樗。李樗著有《毛詩詳解》四十六卷,稍後黃櫄編寫《詩解》二十卷,體例繼承李樗的《毛詩詳解》,且將李樗的意見列為觀察對象。其後有人將兩書合為一書,更名為《毛詩李黃集解》而刊行於世。

　　《毛詩李黃集解》為南宋初年的學者面對傳統與當前新派《詩經》學成果之整理,以及為之所作的初步評價,在《詩經》學史上具有一定的價值與意義。以往的學者對此著作較為輕忽,本書的研究當可填補《詩經》學史對相關問題之疏漏。是為序。

黃忠慎 序於彰化師大

2017.03.29

《毛詩李黃集解》研究

目　次

第一章　論述緣起

　　宋代《詩經》學一直都是筆者最關注的對象，早期的博士論文以此為主題，近幾年來所申請的科技部研究計畫案亦以宋代《詩經》學史的論題居多。在對南宋《詩經》學者朱熹（1130-1200）、嚴粲（1197-？）、范處義（生卒年不詳，紹興二十四年〔1154〕進士）、王質（1135-1189）、呂祖謙（1137-1181）、戴溪（1141-1215）、輔廣（生卒年不詳，寧宗嘉定年間〔1208-1224〕尚在）、楊簡（1141-1226）、袁燮（1144-1224）等人的《詩經》學著作進行較為深入的研究後，筆者發現無論是專門學者或是尋常士人，甚至是以詩聞名的文人，其說解《詩經》之思維方式與論理呈現，與北宋《詩經》學發展有著密切的關係。尤其是針對北宋具有突破性觀點的《詩經》學論點，無論是新派或是守舊學者，皆環繞這些論題繼續進行討論，形成南宋《詩經》學發展上，解釋觀點與內容多元化的特點。

　　北宋初期的經學發展依舊延續漢唐以來的解釋方式與觀點，孔穎達《五經正義》成為官方教育與取士的標準，這種遵守傳統的解經風氣至仁宗慶曆年間開始動搖。歐陽修（1007-1072）、范仲淹（989-1052）、孫復（992-1057）先後上書朝廷，希望官方能主持重新梳理漢唐舊說的工作，去除惑妄誇誕之言，以守聖人教化之訓。雖然朝廷採納，但是所進行的

是刊正校對的工作，但是並沒有觸碰到經義解釋這種核心而敏感的問題。

　　不過學術界在反思漢唐舊說的風氣下，很快地對舊說進行批判工作，其中在《詩經》學方面，對傳統提出質疑的著作陸續出現，如周堯卿（995-1045）《詩說》三十卷以及歐陽修《詩本義》十六卷，可謂《詩經》「宋學」的先聲。其中有系統地檢討《詩經》傳統觀點的重要著作，首推歐陽修《詩本義》。本書約於嘉佑四年（1059）開始撰寫，至晚年修訂更勤，歐陽修生前僅將初稿傳給幾位朋友觀看，至過世後才刊刻出版。《詩本義》論述《詩經》114 篇，對於《詩序》、《毛傳》、鄭《箋》舊說多有批評，並且提出追尋「本義」的主張。實際上《詩本義》中的「本義曰」是歐陽修自己對詩篇的意見，這在《詩經》學史上是很大的突破，代表個人意見凌駕傳統舊說的解釋路徑，這也是《詩經》「宋學」的一個重要的特色。歐陽修《詩本義》另外一個積極的觀點是引入「文學」的觀察角度來解釋《詩經》，這讓《詩經》的解釋有多元的可能性。歐陽修《詩本義》的解釋觀點與方法具有突破性，而且具有理論上的系統性，就現在來看可謂北宋《詩經》學研究風氣轉變的標誌性著作。然而，歐陽修《詩本義》在當時的影響似乎不是太大，少有人提及此書。除了其學生劉敞（1019-1068）《七經小傳》中《毛詩小傳》三十五則可以清楚看到歐陽修的影響之外，北宋人對此書的讚譽或是觀點的採納並不顯著。歐陽修《詩本義》在北宋被忽視的原因有很多，其中王安石（1021-1086）的《三經新義》或許壓制了《詩本義》的傳播與影響。

　　王安石於熙寧八年（1078）修成《書義》、《詩義》、《周禮

義》，上奏朝廷，頒行全國，元豐五年（1082）《三經新義》成為科舉考試的教材。根據晁公武（1105-1180）所言，《三經新義》「獨行於世者六十年」，[1]成為北宋中晚期最具影響力的經學著作。王安石《三經新義》對於漢唐以來的舊說有激烈的批評，他認為這些傳統經注有害於聖王之意的理解。因此，王安石提出「以今考古」的方式，即用現在的事理推求經典的意義。由於王安石對於經典的意義認知強烈停留在政治現實的應用性上，因此，他對經典的解釋無可避免地有將其視為工具性質的傾向。另一方面，由於其否定漢唐以來的注疏價值，所以在許多地方刻意賦予新解，因此其經學帶有強烈的主觀性質。北宋中晚期，王安石《三經新義》雖風行天下，著書附和引伸者眾，形成獨特的「荊公新學」，但是這是政治力催化的結果。到後來新舊黨爭日趨激烈，王安石所推廣的「新學」成為飽受攻擊的重點，加上其說帶有強烈的主觀意見，遭致學者嚴厲批評。

今日《三經新義》無全本行世，[2]但是考究其殘存內容，大致上說來，《三經新義》中以《詩經新義》的水準最高，雖然該書有主觀性高的缺點，但是相對的能夠擺脫舊說的侷限，針對某些詩篇能提出合理的解釋，走出漢唐以來經學僵化的危機，展現宋代經學創新的氣象。另外在許多解說上，頗有精妙之處，

1　〔宋〕晁公武：《郡齋讀書志》（臺北：臺灣商務印書館，1978 年 1 月），第 1 冊，卷 1 上，頁 37。

2　今日《詩經新義》有兩輯本，其一為邱漢生（1912-1992）所輯，邱氏於宋人著作中輯出王安石《詩》解 2000 餘條，名其書為《詩義鉤沉》（北京：中華書局，1982 年 9 月），此書被程元敏先生評為「所根據資料甚少，復多失收、脫誤」，而程氏亦於 1986 年推出《三經新義輯考彙評（二）《詩經》》之作（臺北：國立編譯館，1986 年 9 月），內含佚文與諸家評論。

在文辭上亦典雅曉暢，因此在新學被廢後，仍在南宋發揮著影響力，如朱熹曾經稱讚「王氏新經儘有好處」，[3]並且在《詩集傳》中多處贊成《詩經新義》之解。

在《三經新義》頒佈為科舉考試教材的前後，蘇轍（1039-1112）開始撰寫《詩集傳》。蘇轍年未滿二十即開始研究《詩經》，並著有數篇文章。至元豐三年（1080）年謫居筠州，開始積極撰寫《詩經》學專著。此後不斷進行增修刪改，至晚年隱居穎州時才完成最後修訂。[4]蘇轍《詩集傳》最引人注目的是其對於《詩序》的看法，他盡廢〈小序〉，僅存「首序」一句，以此展開對《詩經》的解釋，這是對古訓基礎的一種撼動。此外對於詩篇的命名與次第章句的劃分都提出異於傳統的見解，對《詩經》的基本問題提出較有論據的質疑。更有價值的是蘇轍對於《詩經》的說解富有個人見地，體現其對儒家思想與人情的體悟。

當然北宋《詩經》研究著作擁有創新精神者不少，不過大概以歐陽修、王安石、蘇轍三人名氣最響，貢獻最大，也顯著地展現宋學治經的特色。

除了反對傳統解說，新見迭出之外，北宋興起而蓬勃發展的理學對《詩經》學研究也有明顯的影響。約與蘇轍時代相當

---

3 《朱子語類》記載：「『王氏新經儘有好處，蓋其極平生心力，豈無見得著處？』因舉書中改古注點句數處，云：『皆如此讀得好。此等文字，某嘗欲看一過，與摭撮其好者而未暇。』」〔宋〕黎靖德編，王星賢點校：《朱子語類》（臺北：華世出版社，1987年1月），第8冊，卷130，頁3099。

4 由於當時朝廷有焚滅元祐學術的禁書令，因此最初的《詩集傳》僅有抄本，後子孫或門人應該有刊刻出版。目前最早的本子是淳熙七年（1180）「蘇詡（案：蘇轍之曾孫）筠州公使庫刻本」二十卷。

的程顥（1031-1085）、程頤（1033-1107）對《詩經》的闡述，便以理學家探索知識的模式進行。在《詩解》（《伊川詩說》）中，程頤以格物致理的思辨方式展開對《詩經》的探究，在論述時大量引入理學觀點，並且為之進行延伸性的解讀，成為宋代《詩經》學研究理學化傾向的先聲，對南宋學者影響頗大。程顥則無《詩經》學專著，後人僅能在《語錄》或楊時（1053-1135）等人的稱述中管窺一斑。

北宋的《詩經》學研究成果在累積至一定數量時，必會有質量上的躍升。目前《詩經》學史上的主要觀點認為，朱熹《詩集傳》在北宋新派《詩經》學者的基礎上，為《詩經》解釋提出重要的突破，而朱熹在《詩集傳》、《語類》與往來書信中也表示北宋學者對他的《詩經》學觀點啟發頗多。但問題是朱熹《詩集傳》完成於 10 世紀的 90 年代，距離歐陽修《詩本義》完成時間已有百餘年之久，距離王安石、程氏兄弟、蘇轍《詩集傳》也有數十年的時間差距。其間北宋新派的《詩經》學者的影響與後繼學者對其的取捨臧否，在《詩經》學史上較無描述，這是《詩經》學史論述極需補充之處。

事實上在南宋初期，已有學者對北宋新派《詩經》學者的意見進行整理、取捨的工作，其中較早者為李樗（約生於政和元年〔1111〕之前，卒於紹興二十五年〔1155〕）。

李樗字迂仲，福建閩縣人，為林之奇（1112-1172）之表兄，[5]二人一同拜入呂本中（1084-1145）之門下。呂本中出身東萊呂家，是著名的學術家族，其族孫呂祖謙在《詩經》學上亦赫赫

---

5 據此，李樗應該生於 1111 年之前，約宋徽宗在位（1101-1125）之時。

有名。李樗名聲雖不若其師顯赫，但是在福建一地也頗為著名，朱熹門人黃幹（約 1170-？）曾稱：「吾鄉儒學彬彬，以文詞行義為後進宗師，若林其傑然者也。」[6]李樗著有《毛詩詳解》三十六卷，根據黃震（1213-1281）所言：「本朝伊川與歐、蘇諸公又為發其理趣，《詩》益煥然矣。南渡後，李迂仲集諸家，為之辯而去取之。」[7]陳振孫（1179-1262）《直齋書錄解題》稱此書：「博取諸家說，訓釋名物文意，末用己意為論以斷之。樗，閩之名儒。」[8]可知李樗生於北宋晚期，於南宋初年，以集解體式撰寫《毛詩詳解》，內容為蒐羅各家注釋，重視其差異之說，並加以評判。在《詩經》學史上，本書為南宋較早具有「集解體」體制之著作（嚴格來說為「集解體」與「集傳體」之融合），可視為對傳統舊說與北宋新說的整理與評論，是相當有意義的一

---

6 〔清〕郝玉麟等監修：《福建通志》，影印《文淵閣四庫全書》，第 529 冊，卷 43，〈人物〉，頁 441：19b-20a。案：以李樗字若林，當屬訛傳之說，本書對此有所討論。又，黃幹生年不易確定，卒年尤為難知。《宋元學案·滄洲諸儒學案上》記載其「字尚質，長溪人。師事文公，著述甚富。餘干饒魯、寧德李鑑皆師之。著有《誨鑑語》、《五經講義》、《四書紀聞》。官至直學士」。《福寧府志》：「黃幹，字尚質。師朱子，著述甚富。餘干饒魯幼從幹遊，著《五經講義》、《四書紀聞》多本幹說。甯德李鑑亦師之，所著有《誨鑑語》。官至直學士，祀鄉賢。（下小字注：拔按：宋季閩中蓋有兩黃幹云。三山黃幹，字直卿；福安黃幹，字尚質，皆從學於朱子。諸書所載履歷著述恐混，故識之。）」分見〔清〕黃宗羲原著，〔清〕全祖望補修，陳金生、梁運華點校：《宋元學案》（北京：中華書局，1986 年 12 月），第 3 冊，卷 69，頁 2325；〔清〕朱珪修，〔清〕李拔纂：《福寧州志》，《中國方志叢書》第 74 號（臺北：成文出版社，1967 年 12 月據清乾隆二十七年修，光緒六年重刊本影印），卷 20，「福安道學」，頁 6，總頁 395。

7 〔宋〕黃震：《黃氏日抄》，影印《文淵閣四庫全書》，第 707 冊，卷 4，〈讀毛詩〉，頁 27：1a。

8 〔宋〕陳振孫：《直齋書錄解題》（臺北：廣文書局，1979 年 5 月），上冊，卷 2，頁 15，總頁 99-100。

本學術著作。

南宋初年承接李樗《詩經》學研究工作的是黃櫄（生卒年不詳，孝宗淳熙年間〔1174-1189〕受進士銜，寧宗嘉泰二年〔1202〕尚在世）。黃櫄，字實夫，福建龍溪人。黃櫄的生卒年代不易確知，大約後於李樗，而與朱熹相當。[9]黃櫄編寫《詩解》二十卷，體例類似李樗《毛詩詳解》，並引述李樗之語。《宋元學案》稱：「迂仲解《毛詩》，先生足之。」[10]《四庫全書總目》亦稱：「（《毛詩詳解》、《詩解》）體例亦同，似乎相繼而作，而稍稍補苴其罅漏，不相攻擊，亦不相附合。」[11]本書保留許多李樗的意見，並未攻擊，也無附和。但是在很多地方也看出為李樗《毛詩詳解》進行補充式的敘述。因此，本書的「集解」性質較弱，類似「集傳體」與「講義體」之融合。另外，《詩解》在內容上看起來似乎有些像以《毛詩詳解》為底本的補充或是修正之著作。

或許因為兩人皆為福建人氏，[12]又或許兩書有互補相因之關

---

9 《宋元學案·紫薇學案》：「黃櫄，字實夫（馮雲濠原案：先生名一作樵），漳州人，樵仲之弟。淳熙中舍選，入對大廷，獻十論，升進士丙科，調南劍州教授。三山講學之侶，二李與林其眉目，而先生亦翹楚也。」《宋元學案》，第 2 冊，卷 36，頁 1249。案：「三山」為林之奇，「二李」應為李樗兄弟。然而黃櫄之兄黃樵仲於宋光宗紹熙元年（1190）應朱熹之邀，講學於漳州，時朱熹 60 歲。又淳熙年間（1174-1189），黃櫄才以太學舍選資格受進士銜，如此，黃櫄生存年代約與朱熹同時。

10 《宋元學案》，第 2 冊，卷 36，頁 1249。

11 〔清〕紀昀等：《四庫全書總目》（臺北：藝文印書館，1974 年 10 月），第 1 冊，卷 15，頁 337：15b-16a。

12 茲根據本書後附〈李樗、黃櫄生平資料彙編〉，整理李、黃二氏生平如下：李樗，字迂仲，約生於政和元年（1111）之前，卒於紹興二十五年（1155），以布衣終生。父李葵，字襲明，紹興二十四年（1154）特奏名。與兄柟（或作栖）「壽十六七，蜚聲閭里。人言佳兒，必稱二李。施及諸弟，亦精業履。」（〈代舅祭迂仲文二〉）與外弟林之奇親如手足，並一同於紹興四、

係，因此後世將兩書合為一書，更名為《毛詩集解》，後附李泳
所訂呂祖謙《釋音》刊行於世。[13]

歷來研究《毛詩李黃集解》者極少，現代的學術論文更是
付之闕如。間或有提及者，亦是將《毛詩李黃集解》進行一併
的說明。可是《毛詩李黃集解》乃是合二書而成，混在一起討
論固頗方便，但論述結果必然不夠精確。實際上《毛詩李黃集
解》可以分出李樗、黃櫄兩人的意見，這並不困難。因此筆者
將分別處理李樗、黃櫄的見解，進行個別的觀察與評述，並且
對其研究成果進行分析與價值判定，以提供南宋《詩經》學史
論述的基本素材，這是本書撰寫的第一個目的。

五年間（1134-1135）拜呂本中（1084-1145）為師。李樗雖科舉不順，然
於教學上有聲名，如「長樂之士，知鄉大學，知尊前輩，知宗正論，則皆
先生與二李公之力焉。」（呂祖謙〈祭林宗丞文〉）、「先生之學以孝弟忠信、
窮經博古為主，及門之士亦往往渾厚質實，志尚脩潔。」（〈黃榦〈處士潘
君立之行狀〉），有子北海先生，亦「以經行為學者師」。（真德秀〈國子監
主簿李公墓誌銘〉）有《詩解》傳世，劉克莊（1187-1269）云：「樗號渡江
名儒，有《詩傳》行世，所謂迂仲《詩》也。」（劉克莊〈秘書少監李公
墓表〉）。黃櫄，字實夫，曾祖彥臣，祖預，兄樵仲。孝宗淳熙五年（1178）
入太學，後丁憂奔喪。服除後再入太學，後內舍生校定取得優等、舍試為
平等，十三年嘗得釋褐詔令，後赴殿試，登淳熙十四年丁未（1187）王容
榜進士。光宗紹熙間（1190-1194）任南劍州教授，勉諸生以楊時、陳瓘之
學。寧宗嘉泰元年（1201）、二年（1202）任主管戶部架閣文字，點檢國
子監發解、貢舉試卷。時木待問（1140-1212）知貢舉，云：「經義非黃架
閣所取不收。」此後經歷未詳，官終宣教郎。

13 據《通志堂經解書題索引》所言，「此書（《毛詩李黃集解》）閩縣李迂仲、
龍谿黃實夫二家，卷前各有詳說總論，其卷內，黃氏又引李迂仲說，蓋黃
在李後，或是本相續而作，互為補苴併為一書，故無合編姓氏也。」而四
庫館臣推測合編者乃建陽書肆。另外周中孚《鄭堂讀書記》以為《毛詩集
解》就是李泳所訂，然而根據劉毓慶《歷代詩經著述考》考訂並無此可能，
仍以書商編定較為合理。相關資訊詳見本書所收〈《毛詩李黃集解》探研
——以書寫體例與解釋方法為考察中心〉一文。

　　李樗《毛詩詳解》與黃櫄《詩解》為兩部著作，但是後人將之合編為《毛詩李黃集解》，合編的始末或許永遠無法得知，但是兩部著作既為合編，且內容看來亦有互補承接之關係，因此，討論其間的解釋觀點與方法異同，乃是相當有意義的課題。因此本書撰寫的第二個目的在於觀察合編本的體例設計與李、黃原書的體式差異，分析、比較李樗《毛詩詳解》與黃櫄《詩解》之解經立場與論述觀點、使用方法的歧異，試圖為兩書合編之緣由尋找內在解釋，更重要的是透過兩書之間關係的釐清，亦可提供宋代《詩經》學史上學術群體之間的論題延續或辨析的例證。

　　整體觀之，《毛詩李黃集解》偏向集解性質，主要在集眾家之說以解經，此種體式有二個特徵：其一為主要在發明經義而不是纂集資料；其二所引的諸家之說，重在諸家對於同一條經文解釋的差異，並據此做出取捨。是故《毛詩李黃集解》新舊說皆收，依筆者最初之統計：舊說中引述最多者為鄭《箋》，約六百多處，《毛傳》約五百處左右，《正義》約兩百五十處左右。新說中引述王安石《詩經新義》約五百餘處，歐陽修《詩本義》與蘇轍《詩集傳》各約二百餘處，連程子之說亦徵引一百餘處。其餘諸家的引述次數有待統計。由《毛詩李黃集解》選取對象來看，舊學新說都廣被徵引，北宋新派諸大儒之解釋大量進入書中，也表示當代新派《詩經》學者的影響不容忽視。當然，被引用的次數多，絕不代表就是被接受的程度較高，以李樗的引述王安石為例，其目的往往是為了進行批駁。再由《毛詩李黃集解》編寫時間與內容性質來看，本書可視為南宋初年的學者面對北宋新派《詩經》學成果整理與初步評價。所以，本書

撰寫的第三個目的即試圖由李樗、黃櫄對《詩經》漢學與宋學
成果的取捨，來說明傳統注疏成果與北宋新派《詩經》學者在
南宋初年的影響力，希望能由此見出其間的傳續問題與意義，
如此當有助於瞭解南宋初年學者對傳統與新派《詩經》學者的
接受程度，亦可補充《詩經》學史對此問題之論述。

第二章 尊《序》？反《序》？

——析論《毛詩李黃集解》的解《詩》立場

第一節 前 言

　　《詩經》學發展至北宋，已呈現全新的風貌，在疑經改經的氛圍中，三百篇之詩文與其傳統詮釋，被諸儒重新檢視、探索，從而得出與漢唐舊說相異的新見解，這些異彩紛呈的新說不止豐饒了《詩經》詮釋的歷史血脈，也影響了後來學人面對三百篇的態度。從現存的解《詩》著作看來（含著作亡佚，後人有所輯佚），歐陽修（1007-1072）、王安石（1019-1086）、蘇轍（1038-1112）應該是北宋最具代表性的學者。歐陽修標舉「本義」的追求，王安石則逕以「新義」來進行創造性的發揮，蘇轍則大膽地割棄了每篇〈序〉說中的申述之語（即所謂「後序」或「續序」）。受到歐、王、蘇等人的啟示，到了南宋終於掀起一股批判、揚棄傳統漢唐經說的風潮。

　　南宋之初，已有學者針對北宋新派《詩經》學者的意見進行整理，其中最早者為李樗（約生於政和元年〔1111〕之前，卒

於紹興二十五年〔1155〕），其著作為《毛詩詳解》四十六卷。[1]稍
後，黃櫄（生卒年不詳，孝宗淳熙年間〔1174-1189〕受進士銜，
寧宗嘉泰二年〔1202〕尚在世）編寫《詩解》二十卷，體例略
承李樗《毛詩詳解》，並多次引述李樗之語。[2]或許因為兩人皆為
福建人氏，且兩書體例近似，因此後世將兩書合為一書，更名
為《毛詩李黃集解》刊行於世（詳後）。

　　歷來重視《毛詩李黃集解》者極少，為此書進行研究的現
代學術論文更是付之闕如。在目錄專書方面，宋代陳振孫
（1179-1262）的《直齋書錄解題》僅著錄李樗的《毛詩詳解》
三十六卷，不著錄黃櫄之作，全文僅以五十一字的篇幅介紹李
樗其人其書：「《毛詩詳解》三十六卷，長樂李樗迂仲撰。博取
諸家說，訓釋名物文意，末用己意為論以斷之。樗，閩之名儒，

---

1 案：此據《宋史·藝文志》，陳振孫《直齋書錄解題》、馬端臨《文獻通考》
　以及《四庫全書總目》則皆云三十六卷。分見〔元〕脫脫等：《宋史》（北
　京：中華書局，1977年11月），第15冊，卷202，頁5046；〔宋〕陳振孫：
　《直齋書錄解題》（臺北：廣文書局，1979年5月），上冊，卷2，頁15，
　總頁99；〔元〕馬端臨：《文獻通考》（北京：中華書局，1986年9月），下
　冊，卷179，頁1547；〔清〕紀昀等：《四庫全書總目》（臺北：藝文印書館，
　1974年10月），第1冊，卷15，頁337：15b。另，朱彝尊《經義考》於「李
　氏樗《毛詩詳解》」條下謂「《宋志》：『三十六卷。』」翁方綱《補正》：「按：
　《宋志》作四十六卷；《文獻通考》作三十六卷，此似誤。」〔清〕朱彝尊
　原著，林慶彰、楊晉龍、蔣秋華、張廣慶編審：《點校補正經義考》（臺北：
　中央研究院中國文哲研究所，2004年12月），第4冊，卷105，頁9。
2 案：黃櫄引李樗之說，超過30處，分見《毛詩李黃集解》，影印《文淵閣
　四庫全書》，第71冊，卷1，頁4：5a；8：12b；16：29a；25：46b；28：
　53b；29：54a；31：58a；卷2，頁36：2b-3a；46：22a；47：24a；52：39a；
　54：38a；55：41a-41b（兩處）；60：51a；卷3，頁5：2a；72：16b；81：
　35a；83：38b；卷4，頁94：6a（兩處）；卷17，頁348：30a；卷21，頁
　405：4b；卷32，頁592：14a-14b（兩處）；596：22a；卷33，頁627：24b；
　卷34，頁644：8a；卷36，頁704：27b；卷38，頁734：5a；746：29b；
　747：31b；卷39，頁755：9a；卷40，頁771：3b；卷41，頁798：20a。

於林少穎為外兄。林，李出也。」[3]此一簡評成為後世評論李樗
著作最常引用的文字。[4]清儒朱彝尊（1629-1709）《經義考》分
別著錄李、黃二書，前者以引陳振孫（介紹李氏之書）與何喬
遠（1558-1631）《閩書》（介紹李氏其人）之言作為評述內容，
後者則僅列出卷數，註曰「存」，又引《閩書》之言介紹黃櫄簡
歷。[5]《四庫全書》收有《毛詩李黃集解》四十二卷，《提要》當
然必須同時評介李、黃之作（詳後），《通志堂經解》收「李迂
仲、黃實夫《毛詩集解》四十二卷」，翁方綱（1733-1818）云：
「《毛詩集解》四十二卷，宋李樗、黃櫄。此書閩縣李迂仲、龍
谿黃實夫二家，卷前各有詳說總論，其卷內黃氏又引李迂仲說，
蓋黃在李後，或是本相續而作，互為補苴，併為一書，故無合
編姓氏也。」[6]

　　目前學者言及《毛詩李黃集解》，主要就是透過上述幾種目
錄，以及《四庫全書》之言而給予評價。[7]當李樗的《毛詩集解》
與黃櫄的《詩解》被合成《毛詩李黃集解》時，混在一起討論，

3　《直齋書錄解題》，上冊，卷 2，頁 15，總頁 99-100。

4　舉例而言，馬端臨《文獻通考》不著錄黃櫄之作，於李樗《毛詩詳解》三
　　十六卷，云：「陳氏曰：『博取諸家之說，訓釋名物文意，末用己意為論以
　　斷之。樗，閩之名儒，於林少穎為外兄。林，李出也。』」〔元〕馬端臨：《文
　　獻通考》，下冊，卷 179，頁 1547。

5　《點校補正經義考》，第 4 冊，卷 108，頁 75。

6　〔清〕翁方綱：《通志堂經解目錄》（臺北：廣文書局，1968 年 3 月），頁
　　461。

7　例如陳文采：《兩宋詩經著述考》（臺北：東吳大學中國文學研究所碩士論
　　文，1988 年 4 月），頁 21；林葉連：《中國歷代詩經學》（臺北：臺灣學生
　　書局，1993 年 3 月），頁 250；劉毓慶：《歷代詩經著述考（先秦－元代）》
　　（北京：中華書局，2002 年 5 月），頁 253；牟玉亭整理：「《詩經集解》」
　　條，夏傳才、董治安主編：《詩經要籍提要》（北京：學苑出版社，2003 年
　　8 月），頁 353-354。

的確有其方便之處，但論述結果必然不夠精確。實際上《毛詩
李黃集解》先排李樗的解詩意見，後面才是黃櫄的見解，是以
要分論李、黃二人的《詩經》學毫不困難。前面所引諸家之說，
多未具體涉及李、黃之解《詩》立場，而關文瑛（1903-？）作
《通志堂經解提要》則云：「《毛詩集解》四十二卷，蓋闡發《毛
傳》者也。……詳觀是書，李、黃二家於《詩》似皆深造自得，
故其所解率皆淳實而近理。……夫宋儒自歐陽修以下，說《詩》
咸趨新奇，舍訓詁而尚議論，重空談而輕實學，其仍守毛公舊
說者罕有所聞，惟樗、櫄二人不惑於流俗之見，獨推明《毛詩》
之學，其於名物之難明者，且廣采諸家以證之，其識可謂卓矣。」
[8]關氏以李、黃皆為舊派學者。問題是，宋代新舊兩派《詩經》
學的劃分，主要是觀察其對於《詩序》的依違現象，關氏將《毛
詩李黃集解》進行一體式的、印象式的品鑑，且未涉及到兩人
對於《詩序》的接受程度，逕謂新學為流俗之見，更是令人難
以安心。此外，目前較新的研究成果呈現兩種截然不同的結論：
一，《毛詩李黃集解》的特點之一是嚴守《詩序》，二，李樗與
黃櫄分屬宋代新舊兩派的陣營中，李樗屬於「廢《序》派」，黃
櫄屬於「尊《序》派」。[9]此二結論至少有一個不符事實，本文的
書寫目的即在詳細檢視《毛詩李黃集解》對於《詩序》的依違

---

8 關文瑛：《通志堂經解提要》，嚴靈峯編輯：《書目類編》（臺北：成文出版
　公司，1978 年據民國 23 年排印本影印），第 81 冊，總頁 36410-36412。

9 歷來研究《詩經》學的學者，在劃分不同解《詩》陣營的時候，通常都略
　過了《毛詩李黃集解》，只有近人蔣見元、朱傑人、戴維特別提及《李黃集
　解》，蔣、朱二人以為李樗、黃櫄二氏嚴守《詩序》，戴維則將李樗劃歸為
　「廢《序》派」，黃櫄歸為「尊《序》派」，二說出現矛盾現象。分詳蔣見
　元、朱傑人：《詩經要籍解題》（上海：上海古籍出版社，1996 年 9 月），頁
　31；戴維：《詩經研究史》（長沙：湖南教育出版社，2001 年 9 月），頁 396-397。

程度，以確認李、黃二人的解《詩》立場，從中亦可探知北宋時代反《序》風潮在南宋早期集解著作中的影響程度。

第二節　李樗、黃櫄與二人著作之分合

李樗，字迂仲，福建閩縣人（今福州、閩侯一帶），世稱三山先生、迂齋先生。[10]李樗是林之奇（1112-1172）的表兄，[11]兩人一同拜入呂本中（1084-1145）之門下。呂本中出身東萊呂家，

10　《宋史》不為李樗作傳，而關於李樗的字號，文獻所載不一，《宋元學案》云：「李樗，字迂仲，侯官人，自號迂齋，與兄楠俱有盛名，並以鄉貢不第早卒。臨終謂林少穎曰：『空走一遭！』勉齋嘗稱之曰：「吾鄉之士，以文辭行義為學者宗師，若李若林，其傑然者也。」所著有《毛詩解》，博引諸說，而以己意斷之。學者亦稱為三山先生（馮雲濠案語：《閩書》言先生有《毛詩註解》，學者稱迂齋先生）。」〈鄉貢李迂齋先生樗〉，〔清〕黃宗羲原著，〔清〕全祖望補修，陳金生、梁運華點校：《宋元學案》（北京：中華書局，1986 年 12 月），第 2 冊，卷 36，頁 1247。《經義考》引明末何喬遠《閩書》謂李樗：「字若林，閩縣人，受業於呂本中，後領鄉貢，有《毛詩注解》，學者稱迂齋先生。」《點校補正經義考》，第 4 冊，卷 105，頁 9。《福建通志》亦云：「李樗，字若林，閩縣人，與林之奇俱師呂本中，後領鄉貢，其學以窮經力行為主，及門之士往往志尚修潔。黃幹嘗稱之曰：『吾鄉儒學彬彬，其以文行為學者宗，則若林其傑焉者也。』學者稱迂齋先生。」〔清〕郝玉麟等監修：《福建通志》，影印《文淵閣四庫全書》，第 529 冊，卷 43，〈人物〉，頁 441：19b-20a。《四庫提要》亦謂「樗字若林，閩縣人，嘗領鄉貢。」《四庫全書總目》，第 1 冊，卷 15，頁 337：15b。案：《宋元學案》謂李樗字迂仲，此言可信，所引勉齋（黃幹）之言有「若李若林，其傑然者也」之句，李、林皆姓氏，非謂李樗字若林，何喬遠《閩書》稱李樗字若林，恐不可信，《福建通志》「若林其傑焉者也」之句乃誤抄文獻，蓋黃幹原文為「吾鄉之學彬彬焉，其以文詞行義為學者宗師，則若李若林，其傑然者也。二先生之學，以孝弟忠信、窮經博古為主，及門之士亦往往渾厚質實，志尚脩潔。」〈處士潘君立之行狀〉，《勉齋集》，影印《文淵閣四庫全書》，第 1168 冊，卷 37，頁 439：18a。明言「二先生之學」，正表示李、林分屬二人：李樗與林之奇（少穎）。

11　據此，李樗應該生於 1111 年（北宋徽宗政和元年）之前，約宋徽宗在位（1101-1125）之時。

是著名的學術家族，其族孫呂祖謙（1137-1181）著有《呂氏家塾讀詩記》，在《詩經》學史上擁有崇高的地位。李樗名氣雖不若其師呂本中顯赫，但是在福建一地也頗有聲望，其所著《毛詩詳解》三十六卷，根據黃震（1213-1280）所言：「……本朝伊川與歐、蘇諸公又為發其理趣，《詩》益煥然矣。南渡後，李迁仲集諸家，為之辯而去取之。」[12]可知李樗生於北宋晚期，《毛詩詳解》則撰於南宋初年，書寫用意在蒐羅各家注釋，並加以辨析評判。雖然原書現已亡佚，但藉由《毛詩李黃集解》可知其書應為集解體式，羅列各家意見，然後進行判斷，以顯己意，有如陳振孫《直齋書錄解題》所云：「博取諸家說，訓釋名物文意，末用己意為論以斷之。」[13]

黃櫄，《宋史》無傳，《宋元學案》記載，「黃櫄，字實夫（馮雲濠原案：先生名一作樏），漳州人，樵仲（字道夫，淳熙十年〔1183〕進士）之弟。淳熙中舍選，入對大廷，獻十論，升進士丙科，調南劍州教授。三山講學之侶，二李與林其眉目，而先生亦翹楚也。迁仲解《毛詩》，先生足之，兼傳龜山、了齋之學。官終宣教郎。有《詩解》，《中庸》、《語》、《孟》解。」[14]《閩中理學淵源考》云：「黃櫄，字實夫，預之孫，彥臣之曾孫也。未冠，賦〈南浦歌〉，膾炙人口。淳熙中，補入太學，……尋遷舉錄，獻十論於相王淮。丁未升進士內科，臚唱之日，朝士皆求識其面。櫄家居及在太學，受業常數百人，

---

12 《黃氏日抄》，影印《文淵閣四庫全書》，第 707 冊，卷 4，〈讀毛詩〉，頁 27：1a。
13 〔宋〕陳振孫：《直齋書錄解題》，上冊，卷 2，頁 15，總頁 99-100。
14 《宋元學案》，第 2 冊，卷 36，頁 1249。

由浙至廣。名士多出其門。初，調南劍教官，篤意教導，日以龜山、了翁勉勵諸生，又闢貢院，請諸臺閫以助其役。嘉泰壬戌預考，南宮尚書木公謂人曰：『經義非黃架閣不收。』詩三魁皆樗所取，眾賀得人。金壇王遂卷已被黜，樗得之，批云：『此必博洽奇特之士。』王與收，謝曰：『遂終身何敢負先生？』時將有召試之命，而樗逝矣。官止宣教郎，有《詩解》行世，有《中庸》、《語》、《孟》解，文集十餘卷，未刊，士紳多藏之。」[15]上面這兩段敘述，可以讓我們約略理解黃樗的基本資歷。

　　作為書名，《毛詩李黃集解》很容易讓人誤以為是李樗與黃樗共同商議後推出的《詩經》集解之作，實則如前所言，李、黃二人各有專著，李書名《毛詩詳解》，黃書名《詩解》，現存《毛詩李黃集解》為李、黃二人解經之書的合集，在編纂體例、內容陳述與訓解字詞等方面，都與傳統的解《詩》著作大異其趣。

　　《四庫全書》收有《毛詩李黃集解》一書，《提要》云：「不著編錄人名氏。集宋李樗、黃樗兩家《詩》解為一編，而附以李泳所訂呂祖謙《釋音》。樗字若林，閩縣人，嘗領鄉貢。著《毛詩詳解》三十六卷。樗，字實夫，龍溪人。……著《詩解》二十卷，《總論》一卷。泳字深卿，始末未詳，與樗、黃樗皆閩人。疑是書為建陽書肆所合編也。樗為林之奇外兄（《提要》原注：見《書錄解題》），又為呂本中門人（《提要》原注：見何喬遠《閩書》），其學問具有淵源。《書錄解題》稱其書博取諸家訓釋名物文義，末用己意為論斷。今觀樗解，體例亦同。似乎相繼而作，

---

15 〔清〕李清馥：《閩中理學淵源考》，影印《文淵閣四庫全書》，第 460 冊，卷 13，頁 208：4b-5a。案：文中「進士內科」當為「進士丙科」之誤。

而稍稍補苴其罅漏。不相攻擊，亦不相附合。如論《詩序》，樗取蘇轍之說，以為毛公作而衛宏續。櫄則用王安石、程子之說，以為非聖人不能作。所見迥為不同。其學雖似少亞於樗，而其說實足以相輔。編是書者惟音釋取呂祖謙，而訓釋之文則置《讀詩記》而取樗、櫄。殆亦以二書相續，如驂有靳，故不欲參以他說歟？」[16]正由於《毛詩李黃集解》的合訂出自他人之手，非李、黃二人在撰作時有意的合作（編輯者的身分是否一定是書商，難以斷定），加上李、黃二人對三百篇的基本看法同中有異，諸多因素合在一起，讓《李黃集解》的體例設計與內容呈現顯得與眾不同。

　　早先將李樗的《毛詩詳解》與黃櫄的《詩解》合編為一書時，書名或許原為《毛詩集解》，但此一書名容易與他書混淆，以《四庫全書》為例，其所收宋儒《詩》學著作除《李黃集解》之外，亦收有段昌武《毛詩集解》之作，故在封面上將李、黃之書名為《毛詩李黃集解》，以與段氏之書區隔，但《提要》述評李、黃之書，則以《毛詩集解》稱之，各卷開頭亦稱「《毛詩集解》卷一」、「《毛詩集解》卷二」……，唯各卷首頁上方所標書名仍為《毛詩李黃集解》。早於《四庫全書》的《通志堂經解》亦收有李、黃之作，一共四十二卷，另有卷前數文，包括〈毛詩綱目〉、李迂仲〈毛詩圖譜詳說〉、黃實夫〈說詩總論〉（內含〈原詩〉、〈觀詩說〉、〈國風〉）、〈族譜〉、〈四詩傳授圖〉與〈十五國風譜〉，故《通志堂經解》目錄題「《李迂仲黃實夫毛詩集

---

16 《四庫全書總目》，第 1 冊，卷 15，頁 337：15b-16a。以李樗字若林，當屬訛傳之說，前已論述，茲不贅。又，謂黃櫄為龍溪人，龍溪在今福建省同安縣一帶，明、清時屬漳州府。

解》四十二卷首一卷」。此卷前數文為《四庫全書》本所無，唯因其中存在著某些問題，故本文所據以《四庫全書》本為主，而以《通志堂經解》本合參。[17]

第三節 李樗對於《詩序》的意見

在解說三百篇各篇旨意前，李樗針對《詩序》作了一些考辨，從這些考辨文字可知李樗對《詩序》的基本認知。

北宋蘇轍曾經指出，《詩序》之言「時有反覆煩重，類非一人之詞者，凡此皆毛氏之學，而衞宏之所集錄也」，故其作《詩集傳》，於《詩序》僅「存其一言」，「而盡去其餘」；[18]李樗引述蘇轍的見解，以為其說「深得之」。[19]既然李樗贊同蘇轍之說，以為《詩序》僅其首句最可信賴，其餘為後人附益，則《詩序》之神聖性理應就僅表現在「首序」中，果然，《通志堂經解》本《毛詩李黃集解》卷首所錄「毛詩綱目」中所載各篇之篇旨，

---

17 此數文見〔清〕徐乾學輯：《通志堂經解》（揚州：江蘇廣陵古籍刻印社，1996 年 3 月），第 7 冊，頁 248-254。案：該書第 248 頁之〈詩圖總序〉，屬歐陽修《詩本義》所有，與李樗無關。此外，〈毛詩綱目〉列出各篇篇名，篇名下繫以各〈詩序〉首句，可知出於李樗之手，與黃櫄無涉（黃櫄尊重整體《詩序》，詳後）。

18 詳〔宋〕蘇轍：《詩集傳》，影印《文淵閣四庫全書》，第 70 冊，卷 1，頁 315：6a-6b。

19 李樗：「……先儒相承，謂《毛詩序》子夏所創，毛公及衞敬仲又加潤益。大抵古說本如此，此說深得之。蓋自漢以來，為《詩》解者有四家，齊、魯、毛、韓皆以傳授不同，故其說不一也。」《毛詩李黃集解》，卷 1，頁 3：3b-4：4a。

皆僅載《詩序》首句，此或已反映出李樗之核心觀點，[20]不過，
在實際解說詩義時，《毛詩李黃集解》是將《詩序》全文照錄的，
這不僅是為了文獻的完整性，更重要的原因是，「後序」的說解
對於李樗而言，仍大有可觀之處，其說有時似若不通，但其實
皆有其理（詳後）。

　　也許是受到蘇轍的啟發，李樗對《詩序》的文字風格多所
注意，以〈關雎・序〉為例，他指出了「詩之〈序〉多有重複，
惟〈關雎〉為尤甚」，「其文太多重複，亦非一人所作」，對於此
〈序〉用數種定義解釋「風」字，他以為「可知其說一『風』
字，其多如此，故學〈關雎〉者當隨文而觀之，欲以前後相屬
而通之，則必膠泥而不通矣」。[21]不僅如此，李樗還為《詩序》
的用字遣詞進行考證，得出「《詩》之《序》惟其出於諸儒之所
纂集而成，非出於一人之手，故不惟言語前後重複不相連屬，
而又往往掇取傳記之文，雜於其中」的結論。並舉〈關雎〉、〈鴟
鴞〉、〈都人士〉、〈清人〉、〈那〉等〈序〉為例，以為這些文字
出自《周禮》、《大戴禮記》、《尚書》、《左傳》、《國語》等書，
最後作出這樣的總結：

> 惟其文之混雜殽亂，不出於一人之作而雜出於傳記之
> 文，則諸儒之說以《詩》之《序》或指以為子夏所作，
> 指以為孔子所作，皆非也。惟以為漢之世，為《毛詩》

---

20 《通志堂經解》，第 7 冊，頁 248-250。案：〈毛詩綱目〉在各篇題之下僅
　　列出〈序〉首一句，可以看出李樗對於「首序」的尊重，但不表示此舉意
　　味著其認為「後序」可以輕忽，此外，也可以解釋為這是為了配合體例設
　　計之故，篇題之下僅繫一言，始可稱之為「綱目」。
21 《毛詩李黃集解》，卷 1，頁 6：8a

> 學者前後相繼，有所附益而增加之，而足成其書，則得
> 之矣。故後之觀《詩序》者不當以其文之相連屬而求之，
> 非如他經之文曰故、曰至於、曰是以、曰然則，皆是連
> 上文之辭，至於《詩序》之文不當如是也。[22]

除了上舉掇取傳記之文的五篇〈序〉文，加上「前後相因襲，
綴緝而成其書」的那些例子，[23]在李樗的解詩內容中，至少有九
篇《序》文在他看來是不可信的。李樗這些指證與批評的文字，
顯然容易給人以一種反對《詩序》的印象，特別是，這些負面
評論都在第一卷中，使得讀者展書閱讀，即會有李樗亟欲廢除
《詩序》的聯想，此所以有研究者將其歸入廢《詩》、反《序》
的學者之列（已見前引）。確實，初看這些批評性的文字，我們
會以為李樗不能接受《詩序》，但若全面檢視《毛詩集解》，會
發現李樗面對三百篇〈序〉文的態度頗為曖昧含混，甚至可以
說，其對《詩序》其實愛護甚於批評，贊同多於反對。在這些
擁護《詩序》之說的不同類型中，最值得一提的是為《詩序》
辯解、開脫的文字。

　　為了方便說教，《詩序》經常在其詮釋中增添詩文所無之世
代、事件、涵義等，事實上這可以說是「後序」作者的重要任
務。[24]反對《詩序》者會以為，《序》說只要超出詩文之所陳述

---

22 《毛詩李黃集解》，卷 1，頁 14：25a-25b。
23 案：李樗在〈關雎・序〉「后妃之德也，風之始也，所以風天下而正夫婦
　也，故用之鄉人焉，用之邦國焉」下謂：「此則《毛詩》也。然《毛詩》
　所傳，亦非成於一人之手，至於前後相因襲，綴緝而成其書，觀此則毛鄭
　可知矣。」其下以〈江有汜〉、〈載馳〉、〈魚麗〉、〈常棣〉為例加以說明，
　詳《毛詩李黃集解》，卷 1，頁 5：7a-7b。
24 當然，對於擁《序》者而言，《詩序》實指其世、其意者，正為其必須表

者，即為羨詞、衍說，不足憑信；《詩序》指實為美、刺某公某君者，更是如此，此所以蘇轍對於《詩序》的駁斥以「後序」為多，[25]而李樗論〈周南‧葛覃〉云：「至於化天下以婦道，而詩中獨無文，何哉？蓋作者推言后妃之本如此，故因經以見事，因事以生義。夫后妃之賢，又能志在女功，其勤如此，天下之為人婦者豈有不勤乎？……尊敬師傅，其禮如此，則天下之為人婦者豈有不知禮乎？」[26]面對〈鄭風‧緇衣〉之〈序〉「（國人）美其德，以明有國善善之功」之語，李樗云：「蓋此善善之功亦猶〈葛覃〉所謂化天下以婦道。〈葛覃〉之詩未嘗有化天下婦道之實事，但詩人所言如此，此詩亦或然。」[27]〈鄭風‧有女同車〉之〈序〉有「刺忽不昏於齊……，卒以無大國之助，至於見逐，故國人刺之」的敘述，然而詩文中並未言及忽與齊結盟聯姻之事，李樗為了幫《序》開脫，便說：「詩人推原其（忽）見逐之由，蓋本於辭齊之昏，故詩人作以刺之也」，「所謂卒無大國之助，至於見逐者，乃是國人推原其見逐之由，不必求於詩中也。」

彰之貢獻，有如清儒陳啟源所云：「詩所不載者，則載之於《序》。其曰某王、某公、某人者，是代詩人著其世也；其曰某之德、某之化、美何人、刺何人者，是代詩人白其意也。既知其世，又得其意，因執以讀其詩，譬猶秉燭而求物於暗室中，百不失一矣。」〔清〕陳啟源：《毛詩稽古編》，影印《文淵閣四庫全書》，第 85 冊，卷 25，〈總詁‧舉要‧小序〉，頁 694：2a。

25 李冬梅：「蘇轍對於《詩序》所定義旨的批駁，……絕大部分集中在首句以下的發揮語中，凡《詩序》有明顯錯誤的，皆加以批駁，所謂『其尤不可者，皆明著其失』。這大致也可分為兩大類，一類是詩篇中根本沒有此意，《詩序》卻加以附會衍說的，……一類是《詩序》對詩篇的詩旨解釋有誤的。」《蘇轍詩集傳新探》（成都：四川大學古籍研究所碩士論文，2003 年 4 月），頁 34。

26 《毛詩李黃集解》，卷 1，頁 36：2a-2b。

27 《毛詩李黃集解》，卷 9，頁 197：22a-22b。

[28]論〈豳風・東山〉云：「攷之於詩，則但言懷想之情，而所以勞來之言則未之見，而〈序〉言『序其情而閔其勞，所以說也。說以使民，民忘其死』，何哉？」「何哉」之下，李樗舉〈小雅・采薇〉、〈出車〉、〈甫田〉、〈大田〉、〈大雅・蕩〉為例，以解釋這種詩文未見而〈序〉文獨有的情形，其云：「〈采薇〉之詩，遣戍役之詩也；〈出車〉之詩，勞還帥之師也；其詩中皆言其勞苦，亦未嘗言其勞來之意，正此類也。大抵《詩序》之作如〈甫田〉、〈大田〉刺幽王也，詩中但言曾孫之事；〈蕩〉之詩刺厲王，詩中但言紂之事；不必詩中有此，然後見其所刺之意也。古人有言梅止於酸，鹽止於鹹。飲食不可以無鹽、梅，而味常在於鹽、梅之外，詩人之意亦如是也。」[29]又如論〈小雅・菀柳〉云：「此詩但言諸侯不肯朝王，則暴虐無親、刑罰不中，其意自可見，不必於詩中求之也。如〈葛覃〉之〈序〉言化天下以婦道，而詩中未嘗說及化天下婦道；〈卷耳〉之詩言無險詖私謁之心，詩中亦未嘗及此。學《詩》者觀其意之如何，知其意，則其〈序〉曉然明白，此學《詩》者之法也。」[30]

　　《詩序》的功能在詮釋詩旨，其說解內容涉及意義與價值判斷的正確與否，不過，古代的反《序》者之所以不能盡信《詩序》之說，往往不在於《詩序》的解釋方式與趨向，而是在於《序》說中穿鑿附會、不合事理之現象頗為明顯，但是，李樗卻認為，序《詩》之人用「推原」、「意在言外」的方式來點出篇旨，因此表面看來似乎不合詩意，其實《序》說才真正道出

28　《毛詩李黃集解》，卷 10，頁 211：14a。
29　《毛詩李黃集解》，卷 18，頁 358：16b。
30　《毛詩李黃集解》，卷 28，頁 530：29a。

了詩篇的深層旨意。李樗如此維護《詩序》之說，主要是因為他接受了《詩序》的美刺論。如論者以「文王之化徒及於正信之女，而不能以善而化之，乃使至於訟」，而懷疑〈召南·行露〉之〈序〉說不合理，李樗則以「文王即位之始，安能變紂之淫風，而遽至於無訟」之說詞來為《詩序》辯護，[31]其維護《詩》教的用心昭然可見。又如〈鄭風·叔于田〉之〈序〉不言刺叔段，而謂刺鄭伯；〈唐風·揚之水〉之〈序〉不謂刺桓叔，卻言刺昭公；李樗解釋道：「蓋桓叔、叔段之罪易見，鄭伯、昭公之惡難知，故詩推本其禍之所由起而譏之也。昭公、鄭伯且刺之矣，況於桓叔、叔段乎？」[32]「推本」云云可以讓我們看出，李樗所維護、贊同的就是《詩序》的「美刺」觀。此外，對於同樣敘述田狩之事、園囿之樂的兩篇作品，《序》之說〈秦風·駟驖〉以「美襄公」為意旨，解〈唐風·山有樞〉卻言「刺昭公」，對此，李樗以《春秋》為例，說明《詩序》美刺的標準本與《春秋》共通，「觀《詩》者當自默喻矣」。[33]他提醒讀者，要以《春秋》一字寓褒貶的精神來閱讀三百篇，此一提醒不啻也透露出其擁護《詩》教的用心。再如李樗論〈小雅·庭燎·序〉「美宣王也，因以箴之」之說，以為既言「美」又言「箴」，似頗矛盾，實則此類美刺兼具的實況在三百篇中並不乏例，如「〈氓〉之詩曰刺淫佚，又曰美反正，是刺之中又有美也。……蓋《詩》之不可一體而求，如〈終南〉之詩美襄公，又曰因以勸戒之；〈常武〉之詩既曰美宣王，又曰因以為戒，是美之中又有戒也。正

---

31 《毛詩李黃集解》，卷 3，頁 76：24b。
32 《毛詩李黃集解》，卷 12，頁 257：33b。
33 《毛詩李黃集解》，卷 14，頁 281：6a

此之類」。[34]

　　從上述所舉例證可知，李樗維護《詩序》美刺之說的基礎在於他所堅持的「《詩》教」觀點，這樣的觀點在《毛詩詳解》中隨處可見，所謂「孔子之於詩所不合於禮義者從而刪之，合於禮義者從而存之，垂訓於天下後世。其為教也溫柔敦厚，適其情性之正，學者為學必自此入焉」，[35]這種聖人編《詩》、刪詩以垂訓、教戒天下之言論，李樗有近十次的表述。[36]可見他對三百篇的理解仍然不脫傳統勸誡、教化、移風易俗的觀點。

　　李樗生於北宋末年，他在南宋早期撰寫《毛詩詳解》，同意孔子對於《詩經》有過編刪之舉，可謂相當自然之事，因為北宋的著名學者歐陽修、蘇轍雖然開始不盡相信傳統《詩》解，但對於孔子的刪詩，仍未有所質疑。[37]新派學者對於孔子刪詩之說既然都能接受，李樗當然也可以沿用此一傳統之說。

　　李樗對《詩序》有所批評，使得其書沾上一些反《序》的色彩，但他又接受傳統的《詩》教觀點與詮釋方式，並且常為《詩》說辯解，如此又容易予人以守舊的印象。若要確認李樗究竟是屬於反《序》還是尊《序》的成員，必須統計出其對於

---

34 《毛詩李黃集解》，卷 22，頁 429：10b。

35 《毛詩集李黃解》，卷 1，頁 2：1b。

36 分見《毛詩李黃集解》，卷 3，頁 87：47b；卷 5，頁 116：8a；卷 6，頁 137：13b；卷 6，頁 143：24a；卷 9，頁 191：10b；卷 11，頁 225：7a；卷 11，頁 235：27b；卷 12，頁 251：21a；卷 32，頁 586：2b。

37 歐陽修：「司馬遷謂古詩三千餘篇，孔子刪之，存者三百。鄭學之徒，皆以遷說之謬，言古詩雖多，不容十分去九。以予考之，遷說然也。何以知之？今書傳所載逸詩，何可數焉？以圖推之，有更十君而取其一篇者，又有二十餘君而取其一篇者。由是言之，何啻乎三千？」《詩本義》，影印《文淵閣四庫全書》，第 70 冊，卷 16，頁 3a。蘇轍：「孔子刪《詩》而取三百五篇，今其亡者六焉。」《詩集傳》，卷 1，頁 315：6a。

《詩序》之說依違的比例方可，[38]在提出統計數據之前，筆者且從比較的角度，拿李樗的解詩與宋代守《序》陣營中最為典型的作品對照參看，此一作品為出自范處義（紹興二十四年〔1154〕進士，年代與朱熹、呂祖謙相當）之手的《詩補傳》，此時我們不難發現，李樗的觀點竟然與「最尊《序》」的學者有極度相似之處。關於《詩補傳》的性質，《四庫全書總目》的說法極具代表性：

> ……蓋南宋之初，最攻《序》者鄭樵，最尊《序》者則處義矣。考先儒學問，大抵淳實謹嚴，不敢放言高論，宋人學不逮古，而欲以識勝之，遂各以新意說詩。其開別抉疏通，亦未嘗無所闡發；而末流所極，至於王柏《詩疑》乃併舉二〈南〉而刪改之。儒者不肯信傳，其弊至於誣經，其究乃至於非聖，所由來者漸矣。處義篤信舊文，務求實證，可不謂古之學者歟？[39]

范氏尊經崇聖的態度是宋代少有的，在《詩補傳・序》中已經明顯地昭告讀者，他對那些廢《序》言《詩》、以己見說《詩》者的不滿，以及自己作《詩補傳》的動機：「惟《詩序》，先儒比之《易・繫辭》，謂之〈詩大傳〉。近世諸儒或為小傳、集傳、

---

38 當然，提出與《詩序》不同的意見和「反《序》」並不必然等同，還得看其動機與新解的數量，僅就現實面而言，宋代說《詩》中的新派人物，通常都能接受《詩序》解詩的動機與方向，但不願照單全收其說解內容，換言之，反《序》者反對的是《詩序》解釋成品中的細節呈現，反對的數量愈大，愈有可能被視為新派人物。

39 見《四庫全書總目・詩補傳三十卷提要》，《四庫全書總目》，第 1 冊，頁 337：16b-338：17a。

疏義、注記、論說類解，其名不一。既於詁訓文義互有得失，
其不通者輒欲廢《序》以就己說，學者病之。《補傳》之作以《詩
序》為據，兼求諸家之長。……或曰：《詩序》可信乎？曰：聖
人刪《詩》、定《書》，《詩序》猶《書序》也，獨可廢乎？況《詩
序》有聖人為之潤色者，如〈都人士〉之〈序〉……，以是知
《詩序》嘗經聖人筆削之手，不然則取諸聖人之遺言也。故不
敢廢《詩序》者，信六經也，尊聖人也。」[40]這種強調聖人刪《詩》，
將三百篇與聖人進行連結，以穩固其經典的位置，其背後所凸
顯的意義是：把經典的權威來源上溯自聖人，則經過聖人之手
的那些經典文本，自然與尋常作品迥異，而帶有絕對的、神聖
的「價值」。因此，對於後來的讀者而言，三百篇不可僅當作一
般文學文本來理解，而是蘊藏了聖人教化用心的經典。讀者所
欲理解的不能僅限於詩文本身的意義，還有詩文之後聖人以美
刺教化、勸誡世人的用心。這裡就牽涉到《詩》意是否多重的
問題。就北宋而言，第一個明確提出《詩》有多重意義的為歐
陽修，[41]李樗雖然沒有如歐陽修那樣直接點出《詩》意的多重，
但從其言論中可以看出他也同意歐陽修的說法。這一點從上述
他對〈周南‧葛覃〉、〈鄭風‧緇衣〉、〈小雅‧菀柳〉等篇的說
明即可證知。李樗這種《詩》學觀點與詮釋策略，和最為守《序》
的范處義其實是極為相似的。范處義《詩補傳》中用來解說詩
旨、維護《詩序》最有力的基礎便是其聖人觀，為了說服後人

---

40 〔宋〕范處義：〈詩補傳序〉，《詩補傳》，《通志堂經解》，第 8 冊，卷前，
  頁 1。
41 歐陽修在《詩本義》中提出《詩》義有四重，除了詩人之意之外，另有聖
  人之志、經師之業、太師之職。詳《詩本義》，卷 14，頁 290：7a-291：8a。

接受《詩序》的正確性，他抬出聖人，以聖人來保證《詩序》內容的正確性、意義的神聖性。所以分別用：垂戒後世、合於禮制、與其他經籍意合、編定次序必有深意……等理由來說明《詩序》背後的聖人教化思想。[42]范處義這種聖人觀念和上述李樗所持的論點相同，差別在於李樗未曾全面論述，只強調垂戒、訓示後人的教化作用而已。

　　若謂重視《詩序》背後的聖人教化觀點，尚無法證明李樗對《詩序》的維護態度，那麼從支持《詩序》舊說的理由來看，絕對可以讓人更進一步發現李樗與范處義之間的相似性。范處義如何遵守《詩序》、維護《詩序》？根據筆者的統計，其支持《詩序》的理由中最明顯的大約有四：《序》為推本之言；《序》說與《春秋》合；《序》發明詩意；《序》說出詩中深意、微旨。[43]這些理由中的前面二點已見上述，至於第三、四點方面，李樗雖然沒有直接用讚嘆的方式指出《詩序》的發明可信，但從解釋詩文的過程中便可知他在同意《詩序》的前提下，告知讀者讀《詩》應當要重視其「精意妙旨」，他說：

> 觀詩者不觀其人之衣服與其鳥獸草木之名，必觀其有精意妙旨存乎其間，如〈碩人〉之詩曰「衣錦褧衣」，但言衣服之盛，而《中庸》舉此則曰：「衣錦尚絅，惡其文之著也。」推此為慎獨之學。如曰「巧笑倩兮，美目盼兮，

---

42 關於范處義《詩補傳》中的「聖人觀」，詳拙著：《范處義詩補傳與王質詩總聞比較研究》（臺北：文津出版社，2009 年 2 月），頁 5-18。至於范氏聖人觀詳細的說法，見此書附錄表一至表五，頁 145-148。

43 詳拙著：《范處義詩補傳與王質詩總聞比較研究》，頁 148-153，附錄（二），「《詩序》觀統計表」。

素以為絢兮」，但言其顏色之美也，而孔子則曰「繪事後
素」，子夏推之以為禮後之説，類皆如此。學者徒區區於
言語之間，雖誦《詩》三百，亦何足為哉！[44]

最後，透過數據來說明李樗面對《詩序》的態度，可以更確實
地解決問題。從李樗對三百篇各篇詩旨的理解來看，扣除闕疑
不定的篇旨 8 篇，與《序》說完全相同的比率為 92.92％，與《序》
說大同小異的比率為 4.5％。至於與《序》說「完全相異」及「大
異小同」的說法皆無，其比率為零。[45]因此，無論與守《序》學
者的比較，還是從李樗自己詮解的結果來看，都無法將李樗歸
入所謂反《序》、廢《序》派的一員，戴維（1965-2011）特別強
調，「李樗與黃櫄在《詩序》方面的觀點，反映了尊《序》與廢
《序》兩派的鬥爭」，[46]此一研究結果應該大幅修正。

第四節　黃櫄對於《詩序》的意見

不論將李樗《毛詩詳解》與黃櫄《詩解》合為一編的為誰，
假若李、黃二人解《詩》的基本立場大相逕庭，則合編之舉即

---

44 《毛詩李黃集解》，卷 7，頁 167：36b。

45 關於李樗對三百篇詩旨的依違詳情可參簡澤峰：《宋代詩經學新說研究》
（彰化：彰化師範大學國文研究所博士論文，2008 年 5 月），頁 67、73。
不過，簡氏仍以李樗為宋代新派說《詩》人物，其所持之理由與是否擁《序》
無關。

46 戴氏又云：「由於黃櫄對李樗相當尊敬，言詞用語多所留心，尊《序》與
廢《序》的鬥爭相對被淡化。又由於出於鄉邦意識，兩者匯集在一本書中，
形成一種奇妙的結合。」《詩經研究史》，頁 396-398。

失去意義。李樗承認《詩》三百有聖人的參與，稍後於李樗的黃櫄，同樣接受孔子刪《詩》的傳統說法，為三百篇確定其為權威經典的基礎。

在《詩解》中，只要涉及孔子刪《詩》的說法，黃櫄都以之與聖人垂戒後世的作用連結說明，由此可見他相當重視《詩》教的功能。例如在解釋〈邶風‧二子乘舟〉時，黃櫄云：「楚平王奪建之妻而殺建，衞宣公奪伋之妻而殺伋，私慾既甚，天理必絕，若仇讎然。風俗敗壞至此，極矣！或曰：『是敗風俗也，聖人何為不刪？』曰：『聖人所以示戒於後世也。』」[47]假若說，孔子真有刪詩之舉，而《詩經》又確實存有所謂內容不堪之作，則孔子予以保留，其用心難免令人起疑，此時，黃櫄都以垂戒後世的說詞以資回應。又如〈魏風‧碩鼠〉，《毛詩李黃集解》在引述李樗對於〈碩鼠〉全詩的解釋之後，云：「黃講同。」亦即，黃櫄的解釋不能超乎李氏之外，故編《集解》者刪除黃氏文字，而代之以下面這段話：

> 黃氏總論曰：「魏詩七篇，言其君儉嗇褊急，其君儉以能勤，大夫憂其君，皆莫知其為何君也。蓋下序必本於上序，上序特言其褊，而不言其何君之褊，特言刺儉而不言其何君之儉，特言刺時而不言何君之時，則下序亦莫得而知，直曰其君而已。夫以國人而目其君以碩鼠，可乎？君雖重斂，猶吾君也，而國人以碩鼠喻之，是無君也。孔子刪詩而不言，何哉？意者〈伐檀〉一詩刺在位貪鄙，則〈碩鼠〉一詩亦未必非刺在位。要之，在位者

47 《毛詩李黃集解》，卷6，頁139：17a-17b。

如此，而民至於無告訴，則其君可知，孔子存之，以爲
後世戒。昔師曠侍晉侯云云，見李講。夫衞人出其君，
雖衞君之罪而國人亦不能無罪，師曠之意，特因以爲戒
耳。孔子刪詩，而以〈碩鼠〉附於〈魏風〉之末，所以
爲後世戒哉！」[48]

與李樗不同的是，黃櫄對《詩》教的重視程度，除了強調《詩》
有垂戒後人之功，可爲人君之戒、後世法、後世戒，[49]他還常常
用感性的口吻說出讀詩後的個人感觸，這些感嘆性質的文字很
明顯地都是配合《詩》教而發。如論〈周南・芣苢〉時云：「竊
嘗三復此詩，喟然而歎曰：『治世之音安以樂，其政和。』尤於
此詩而見之也。言有盡而意無窮，真一唱而三歎歟！故序《詩》
者不曰美后妃，不曰后妃之化，而曰后妃之美，是亦形容不盡
之意。」[50]論〈召南・江有汜〉云：「嘗誦詩至此，蓋喟然而歎
曰，居上者當如〈小星〉之夫人，居下者當如〈江汜〉之媵妾。……
爲人子者必待父之慈而後孝，爲人弟者必待兄之友而後敬，爲
人臣者必待君之聖而後忠，……吾以是知此詩不特可以爲媵妾
之戒，凡爲人子、爲人弟、爲人臣者，亦當以是爲法。」[51]其他

---

48 《毛詩李黃集解》，卷12，頁251：21b-252：22a。案：黃櫄所謂「上序」、
「下序」即指〈詩序〉首句與其下申說之語。「見李講」意指已見前面所
引李樗之說。另，〈鄘風・柏舟〉、〈魯頌・有駜〉亦強調孔子刪詩所蘊含
的訓誡功能，分見《毛詩李黃集解》，卷6，頁141：21a；卷40，頁781：
22a。

49 詳《毛詩李黃集解》，卷3，頁84：40b；卷3，85：43a；卷3，87：
47a；卷6，頁139：17b；卷8，頁172：8a；卷12，頁252：22a；卷23，
頁444：9a；卷34，頁654：28b；卷37，頁725：39a。

50 《毛詩李黃集解》，卷2，頁54：39a。

51 《毛詩李黃集解》，卷3，頁86：45b-87：47a。

如歎〈邶風‧凱風〉之詩有虞舜之遺風；讀〈鄘風‧柏舟〉而歎「當衛國淫亂之時，而猶有若是婦人也哉！吾乃今知天理之不可泯沒，而天下未嘗無正人也」；讀〈豳風‧七月〉而「歎後世之風俗日不如古」、「後世之風俗不可以復古矣」；讀〈小雅‧賓之初筵〉「見其有沈湎淫液之刺，蓋嘳然而歎曰，吾民飢寒之不恤，而君臣宴飲之娛」；讀〈大雅‧既醉〉之詩「尤歎詩人之善望其君」；讀〈魯頌‧閟宮〉而「嘆魯人之所以愛僖公而尊之者，何如此其不能自已也」。[52]由這些充滿感性的言論看來，黃櫄對於三百篇帶有極為強烈的期盼，期盼其能對後世讀者發揮某種教化、勸誡的影響作用，而這些教化、勸誡的思想就蘊藏在《詩序》之中，因而讀《詩》者最重要的就是透過《詩序》以理解詩義。

對於《詩序》作者的身份，黃櫄的見解與李樗有異，他說：

《家語》云：「子夏習於《詩》而通其義。」王氏注云：「子夏所序《詩》，今之《毛詩》是也。」沈重云：「按鄭氏《詩譜》意，〈大序〉是子夏所作。」是說也，韓文公辨之詳矣。韓以為漢之學者欲自顯立其傳，因藉之子夏，而《東漢‧儒林傳》亦云：「衛宏從謝曼卿受學，作《毛詩序》，至今傳於世。」近世如蘇潁濱亦本是說，以為其文反覆煩重，類非一人之辭，凡此者皆毛氏之學，而衛宏之所集錄；迂仲以蘇之說為當且盡。王、程近世大儒也，而又以為非漢儒之所能為。竊嘗合是說之不一，

---

52 詳《毛詩李黃集解》，卷4，頁111：41b；卷6，頁141：21a；卷17，頁350：34a；卷31，頁577：25a；卷32，頁603：37a；卷40，頁798：21a-21b。

而一之於吾心，以為王、程之說與吾心合，而於〈大序〉
亦合。夫〈大序〉之文溫厚純粹，有〈繫辭〉氣象，彼
漢儒者，疇能及此哉？漢儒惟一董仲舒其文近之，而亦
未必若是之醇也。況毛公、衛宏之類乎？[53]

黃櫄採用王安石、程頤（1033-1107）部分之說，然後加以修正
補充。他以為《詩序》並非出自漢儒之手，而主張是孔門弟子
如子夏之徒，集孔子之言而冠於三百篇之首，其初並不以「大
序」為名。至於各篇〈小序〉則皆為國史所為，與孔子無關。
由此得出此一結論：

> 〈小序〉國史之舊題，〈大序〉記夫子之言，而非夫子之
> 所作也。其餘〈小序〉則漢儒之說或雜其間，如衛人以
> 宣姜鶉鵲之不如，如貪而畏人若大鼠也之類，決非聖人
> 之言無疑也。[54]

李樗同意蘇轍以「後序」出自漢儒之手，黃櫄以為〈大序〉內
容源自孔門，「後序」出自國史，由此即可知黃氏比起李氏更為
重視、肯定《序》說的權威性。基本上，黃櫄站在傳統維護《詩
序》的立場，對於《詩經》學的基本問題，如三百篇的成書過
程、篇章順序問題、〈大序〉的內容等，並無質疑且著墨不多。

另外，值得一提的是，考察黃櫄對於三百篇的成書經過的
描述，可知他將《詩經》視為一個有系統的全體，先有作詩者
的創作，後經采詩者的編纂（周太師、國史），此一編纂的初稿

---

53 《毛詩李黃集解》，卷 1，頁 4：4a-5a。
54 《毛詩李黃集解》，卷 1，頁 4：5b-5：6a。

又經過聖人（孔子）的刪削，最後成為定本流傳。就在這個看似井然有序的合理推測中，黃櫄最取巧但也最顯圓融的說法是，主張〈大序〉是孔門弟子如子夏之徒，集孔子之言而冠於三百篇之首，而〈小序〉則為國史所作，非出自孔子，後來在流傳教授的過程中不免有後儒的意見摻雜在內，是以部分〈小序〉雜有漢儒之說。這樣，《詩序》作者就包含了孔子及其弟子、國史、漢儒，而以國史所佔的分量最重。此一說法看似把「序《詩》者」的角色安排地很合理妥當，但是若考量上述所謂賦予三百篇經典價值基礎、權威來源的說法，則這種描述必然會遭遇不可解決的困境。即三百篇對後世之讀者之所以會有經典的、權威的價值，並且產生深遠的影響，一切都源自於聖人，源自於三百篇經過聖人的刪削取捨，所以其中隱藏聖人教化、勸誡的立意與用心，而這個立意、用心就保存在《詩序》之中。然而偏偏聖人只有間接創作〈大序〉，並無參與各篇〈小序〉的寫作，即各篇〈小序〉之作者不僅非完成於孔子，亦非出自孔門，而是當初收集編纂的周代史官。然而，後世讀者讀《詩》，對三百篇的理解主要係來自各篇〈小序〉，那麼如何說服讀者各篇〈詩序〉真能揭示聖人深意，而使其所有詮釋都具有絕對的價值與權威？黃櫄在《詩解》中未能針對此一疑點提出主動性的說明，顯然在其心目中，國史創作各篇〈小序〉，又有漢儒的進行補述，不需附帶任何論證，就足以讓讀者相信，其所作出的解題成果，已可探究出詩篇寓意。

第五節　李樗、黃櫄對於《詩序》
正變說的解釋

　　作為一位維護傳統《詩》教的學者，黃櫄對於《詩序》的支持態度比李樗更為明顯。此外，對於後世學者爭議頗多的《詩序》正變說，李、黃二氏則是接受之餘，在細節方面做出歧異的解釋。

　　〈詩大序〉云：「至於王道衰、禮義廢，政教失、國異政、家殊俗，而變風、變雅作矣。國史明乎得失之跡，傷人倫之廢，哀刑政之苛，吟詠情性以風其上，達於事變而懷其舊俗者也。故變風發乎情，止乎禮義。發乎情，民之性也；止乎禮義，先王之澤也。」[55]這裡點出了國史與《詩經》的某種關係，但李樗更進一步以為「變風」各詩的主要作者就是國史，在他看來，「『國史明乎得失之迹』，此又言其變〈風〉之作也。國史者，作詩之人也。變〈風〉之作或出於婦人、女子、小夫、賤隸，而總謂之國史者，蓋指其大槩也」。[56]根據《詩序》，變詩的產生背景是政治時代的衰落變遷，但其詩歌在審美形式上依然必須達到儒家「溫柔敦厚」的詩教要求，李樗可能因為如此，而研判「變

---

[55] 〔漢〕毛亨傳，〔漢〕鄭玄箋，〔唐〕孔穎達疏：《毛詩正義》（臺北：藝文印書館，1976年5月），卷1之1，頁18：12b-17：14a。

[56] 李樗又云：「國史明乎文、武、成、康之世，其得之迹如此。幽、厲之世，其失之迹如此。……主文譎諫，以風其上，原其大意，達當時天下之事變，而閔幽、厲之失，而懷成、康之故俗也。」《毛詩李黃集解》，卷1，頁18：33b-19：34a。

風」的多數作者為國史，他們的身分特殊，不同於一般小夫賤隸，而有其一定的文化修養，是以在創作的同時，可以兼顧到含蓄、婉轉的諷諫風格，即所謂哀而不傷、怨而不怒等「發乎情，止乎禮義」的境界，進而達到「中節」的效果。李樗的解釋確實有其理致，而他所以將國史定義為作詩之人，目的就在解決「變風」、「變雅」的諷諫風格問題。假設變詩的作者就僅是一般市井小民，則其在創作之時恐將無法控制自己內心的各種悲鬱、憤怒之情，在這種心不得其正的情形之下，其所創作、歌詠的詩作勢必有種種過當、失節的表現，無法符合儒家所標榜的中和情性的要求。既然三百篇中的變詩仍可見出溫柔敦厚的優良傳統，則作詩之人絕大多數為有一定文化素養的國史，似無可疑。

　　上述李樗有關國史作詩的觀點，黃櫄不能接受，他以為國史采詩於民間，其云：「人情傷今思古，而變風、變雅之所由作也。……國史止是掌文籍之官，非國之能文者。」[57]根據先秦兩漢文獻，國史的作用是采詩、編詩，而非作詩，[58]據此，黃櫄的

57　《毛詩李黃集解》，卷 1，頁 19：34b-35b。

58　關於《詩經》的編輯者之身分，是一個極其複雜、聚訟不休的問題，〈詩大序〉：「國史明乎得失之跡，傷人倫之廢，哀刑政之苛，吟詠情性，以風其上。」近人徐復觀（1903-1982）因此而謂：「這幾句話，反映出《詩》是國史由改善政治的要求所陸續編成，藉以達到教育目的（以諷其上）的。」徐復觀：《中國經學史的基礎》（臺北：臺灣學生書局，1982 年 5 月），頁157。假若〈詩大序〉所說並非無稽之言，則國史在《詩經》的編纂過程中，自然扮演著極為重要的角色，但若說國史也是部分詩篇的作者，則為無徵。班固：「古有采詩之官，王者所以觀風俗，知得失，自考正也。」〔漢〕班固著，〔唐〕顏師古注：《漢書》（北京：中華書局，1964 年 11 月），第6 冊，卷 30，〈藝文志〉，頁 1708。假設采詩之官可以跟國史劃上等號，或者，部分采詩之官具備國史身份，那麼國史跟《詩經》的完成更具密切之

說法比較可信，也符合一般對「采詩」之說的印象。然而，緊跟著而來的問題，如前所言，即是：若變詩的作者有能文之士，也有低下階層的升斗小民，則當亂世之時，這群詩人即便勇於抒發真實情感，在其不能忍受衰頹無道的政治，欲藉詩歌來表達對當前政經情勢的不滿，並進行諷諫之時，如何可能兼顧到作品之溫柔敦厚、含蓄婉轉的風格？

　　黃櫄如何處理此一癥結問題？他的解釋是：周朝到了厲王、幽王之時，雖王道衰微，國勢不振，但「先王所以澤民者未泯，而民情之所以愛君者猶在」，即百姓受到文、武與周公教化的影響很深，縱使到了衰亂之世仍保有溫柔敦厚的風俗，希

關係。根據徐復觀的研究，史的原始職務是與「祝」同一性質，本所以事神的，亦即原係從事宗教活動的，其他各種記事職務，都是關連著宗教，或由宗教衍變而來。其後，古代史職由宗教向人文演進，至春秋時代，史官的職務包括：在祭神時與祝向神禱告、專主管筮的事情，主管天文星曆、解說災異、錫命或策命、掌管氏族之譜系等。詳徐復觀：〈原史〉，《兩漢思想史》（臺北：臺灣學生書局，1979 年 9 月），卷 3，頁 220-231。另據劉師培（1884-1919）的見解，周代列國皆置史官，上古學術掌於史官之手。金毓黻（1887-1962）為進一言：「謂六經百家之學，悉出於史官，究有斷限不明之嫌，若謂其書悉掌於百司之史，則無可疑者也。」尹達（1906-1983）則以為，自西周至春秋時期，周王室設有多種執掌不同的史官，以協助政務、記錄時事、起草公文、掌管文書。其名稱、職掌繁複，但其工作任務與作詩無涉。鍾其炎亦明確指出，西周史官主要職責有：「起草和處理文書，策命侯卿大夫，保管檔案典籍，同時還負責天文曆法和祭祀，記錄帝王言論和事蹟。」「春秋初期，各國史官的地位依然尊貴，他們典守檔案、記注政事，憑藉淵博的知識，他們可以協助君王處理國家政務。」以上分詳劉師培：〈古學出於史官論〉，《左盦外集》，卷 8，《劉申叔先生遺書》（臺北：華世出版社，1975 年 4 月），第 3 冊，頁 1720。金毓黻：《中國史學史》（石家莊：河北教育出版社，2000 年 12 月），頁 29。尹達主編：《中國史學發展史》（臺北：天山出版社，出版社未註明出版年月），上冊，頁 11。鍾其炎：〈先秦史官的職責與地位變化〉，《檔案與建設》2008 年第 5 期，頁 11-12。

望藉由某些詩歌來諷喻君王，使其能夠改過遷善。在此情況之下，「國史採詩於民而播之歌詠，其愛君之意厚矣」。由於國史為掌理文籍之官，能夠「明得失之跡」，且「達其事變而懷其舊俗，故見今之時非昔之時，今之政非昔之政。向也人倫之厚，今也人倫之廢，則為之感傷。……為之哀嘆，於是吟詠情性，以風喻其上。……國史採詩之時，猶以先王盛時之事感發其君，此『王庶幾改之，予日望之』之意也」。[59]透過這樣的稍嫌曲折的說明，黃櫄讓國史與變詩仍然維持著某種程度的關連。

我們可以發現，黃櫄的變詩作者論，如同李樗一般，可以呼應鄭玄以時代盛衰區分正變的說法，[60]但對於《詩序》所言則不太容易照顧周全。畢竟，〈大序〉特別強調，「達於事變而懷其舊俗」，使得「變風發乎情，止乎禮義」的乃是國史，若欲支持《詩序》，不能不重視此一論述。雖然上述黃櫄的文字對此已經作了一些交代，以為采詩的國史傷今之不如古，欲借採集這一類詩歌來達到諷諫君王的目的；然而這種借古以諷今的用

---

59 詳《毛詩李黃集解》，卷1，頁19：35b-20：36a。

60 鄭玄《詩譜‧序》：「文武之德，光熙前緒，以集大命於厥身，遂為天下父母，使民有政有居。其時詩，〈風〉有〈周南〉、〈召南〉，〈雅〉有〈鹿鳴〉、〈文王〉之屬。及成王、周公致大平，制禮作樂，而有頌聲興焉，盛之至也。本之由此〈風〉、〈雅〉而來，故皆錄之，謂之《詩》之正經。後王稍更陵遲，懿王始受譖，亨齊哀公，夷身失禮之後，邶不尊賢。自是而下，厲也，幽也，政教尤衰，周室大壞……，故孔子錄懿王、夷王時詩，訖於陳靈公淫亂之事，謂之變〈風〉、變〈雅〉。」《毛詩正義》，卷前，頁5：4b-6：5b。若謂變詩的作者為尋常百姓，這些庶民深受先王教化遺風之影響，故其作品不至於出現哀傷、怨怒等不符「中節」的現象，此時，變詩與正詩的風格無異，則標誌正、變的底線就只剩下時代的因素，即正詩作於太平盛世，變詩則寫於衰亂之世。這個說法可以呼應鄭玄以時代盛衰區分正變之論。

心，既然為原始創作者所本有，則國史的采詩除了辛勞之外，
似乎並不具備特別深刻的意義。

只是，重視《詩序》的黃櫄不敢否認國史采詩的貢獻，故
特強調其在採集詩歌之後，又加上了個人自己的諷諫之意，期
望能用先王之盛事來感發君主，庶幾其改過。筆者由此推測，
黃櫄是把「變風」、「變雅」的改寫者或詮釋者歸為國史，如若
不然，即是黃櫄的言論中出現了不自知的矛盾，此一矛盾其實
也可以用歐陽修《詩》有多重意旨的方式來解決，[61]但是黃櫄本
人似乎並沒有意識到這個問題，更重要的是他把作詩者之意與
編詩者、采詩者之意混雜為一，未能見出三百篇有多重意旨的
可能性，以致讓讀者無法掌握其真確概念。

李樗與黃櫄都為正變之說予以申論，前者強調「禮義不在
乎朝廷，而在乎作詩者情性之所言，此變〈風〉所以作也」；後
者表明，「觀詩人喜怒哀樂之中節者，尤當於變〈風〉觀之」，[62]
兩人背後之目的都在凸顯《詩序》之美刺教化作用，因為用來
支持《詩序》美刺之說的合理基礎便是政治的興衰治亂，這也
是正變說的理論價值所在。此一理論可以解決封建體制的歷史

---

61 前面註解言及歐陽修提出詩義有四重：詩人之意、聖人之志、經師之業、
太師之職。國史在成書過程中所扮演採編的角色，又能賦予三百篇以不同
的意義，可列在歐陽修所謂的「太師之職」。案：如同車行健所言，歐陽
修所觀察到的「太師之職」與「聖人之志」這兩種詩義的產生，既非原作
者之原意創發，也非詮釋解讀者之意義賦予，而是藉由保存、編排、刪定
等過程以及從事宗廟、朝廷、鄉人聚會的禮樂活動，甚至道德修勵等實際
運用過程中，所植入的詩義。詳車行健：《詩本義析論》（臺北：里仁書
局，2002 年 2 月），頁 49。

62 分詳《毛詩李黃集解》，卷 1，頁 20：36a-36b；20：37b-21：38a。

環境中，詩歌如何履行批判現實政治使命的問題。[63]事實上，北宋新派《詩經》學中的重要人物也都能接受漢儒此說，[64]要到南宋鄭樵（1104-1162）開始，才逐漸地對於傳統的正變之論有所質疑與批駁；[65]作為南宋初期「集解體」著作的李、黃之書，不

---

63 陳桐生：「《毛詩序》風雅正變說的理論價值，可以歸結為兩點：一是它合理地解釋了《詩三百》中百多首刺詩的現象；二是它從理論上根本解決了在封建專制高度強化的歷史條件下詩歌如何履行批判現實政治使命的問題。」〈論正變〉，中國詩經學會編：《詩經研究叢刊》第一輯（北京：學苑出版社，2001 年 7 月），頁 27。案：《詩序》提出正變之說當然有其用意，但若必如鄭玄所劃分，自〈周南〉至〈召南〉共 25 篇為正〈風〉，自〈邶風〉至〈豳風〉共 135 篇為變「風」等等，則難免膠柱鼓瑟之譏，有如葉適所說的，「言詩者自〈邶〉、〈鄘〉而下皆為變〈風〉，其正者二〈南〉而已。……〈行露〉之不從，〈野有死麕〉之惡，雖正於此而變於彼矣。若是則詩無非變，將何以存？季札聽《詩》，論其得失，未嘗及變。孔子教小子以可羣可怨，亦未嘗及變。……後之學《詩》者，不順其義之所出，而於情性輕別之，不極其志之所至，而於正變強分之，守虛會而迷實得，以薄意而疑雅言，則有蔽而無獲矣。」詳〔宋〕葉適：《習學記言》，影印《文淵閣四庫全書》，第 849 冊，卷 6，頁 367：4b-368：5a。亦有謂《詩》之正變說毫無意義者，唯誠如張寶三所云：「經學家透過對經典之詮釋，寄託其經世理想，以達到『勸善』之目的，此與後世史學家基於求真之立場以批評『風雅正變』說，本質上實有極大之差異。」〈詩經詮釋傳統中之「風雅正變」說研究〉，楊儒賓編：《中國經典詮釋傳統（三）文學與道家經典篇》（臺北：喜瑪拉雅研究發展基金會，2002 年 3 月），頁 86。

64 例如歐陽修〈二南為正風解〉、〈王國風解〉兩文，只是討論部分詩篇之正變歸屬的判斷問題，未曾從根本上否決詩有正變之說，詳歐陽修：《詩本義》，卷 15，頁 295：2a-3b、296：4b-5b。蘇轍也承認〈風〉、〈雅〉有正有變，其立說主要是依從鄭玄的觀點，認為正變的劃分是以時代的盛衰為依據，但不以美刺說獨斷，對於變詩中美刺同在的現象也作了一些解釋。詳李冬梅：《蘇轍詩集傳新探》，頁 45-48。

65 《六經奧論》：「〈風〉有正變，仲尼未嘗言，而他經不載焉，獨出於《詩序》，若以美者為正，刺者為變，則〈邶〉、〈鄘〉、〈衛〉之詩謂之變風可也。〈緇衣〉之美武公，〈駟鐵〉、〈小戎〉之美襄公，亦可謂之變乎？必不得已從先儒正變之說，則當如《穀梁》之書，所謂變之正也。《穀梁》之《春秋》書築王姬之館于外，書《春秋》盟于首戴，皆曰變之正也，蓋言

曾懷疑正變說的合理性，是合乎時代風氣的。

第六節 結 語

北宋初期的經學發展依舊延續漢唐以來的解釋方式與觀點，孔穎達《五經正義》成為官方教育與取士的標準，這種遵守傳統的解經風氣至仁宗慶曆年間開始動搖。學術界在反思漢、唐舊說的風氣下，很快地針對經典的傳統解釋進行批判工作。在《詩經》學方面，對傳統之說提出質疑並且進行修正的

事雖變常而終合乎正也。……《序》所謂變風出乎情性，止乎禮義，此言得之，然《詩》之必存變風何也？見夫王澤雖衰，人猶能以禮義自防也；見中人之性，能以禮義自閑，雖有時而不善，終蹈乎善也；見其用心之謬，行己之乖，倘返而為善，則聖人亦錄之而不棄也。先儒所謂〈風〉之正變如是而已，〈雅〉之正變如是而已。」此說對於漢儒之論進行修正型的接受。又云：「《春秋‧襄公二十九年》，吳季札觀周樂，歌〈大雅〉、〈小雅〉，是〈雅〉有小大，已見於夫子未刪之前，無可疑者。然無所謂正變者，正變之言不出於夫子，而出於《序》，未可信也。〈小雅‧節南山〉之刺，〈大雅‧民勞〉之刺，謂之變雅可也；〈鴻雁〉、〈庭燎〉之美宣王也，〈崧高〉、〈烝民〉之美宣王，亦可謂之變乎？蓋《詩》之次第，皆以後先為序、文、武、成、康，其詩最在前，故二〈雅〉首之；屬王繼成王之後，宣王繼厲王之後，幽王繼宣王之後，故二〈雅〉皆順其序；〈國風〉亦然。則無有正變之說，斷斷乎不可易也。」此言直指正變之說不可信。分詳鄭樵：〈風有正變辨〉、〈雅非有正變辨〉，《六經奧論》，影印《文淵閣四庫全書》，第 184 冊，卷 3，頁 61：7a-62：5b；62：8b-9b。案：今本《六經奧論》有真出於鄭樵者，有以他人之說雜湊者，若以上面兩條而論，首條或許仍須謹慎面對，第二條則合於鄭氏一貫的批判精神。詳拙著：《宋代詩經學探析——以歐陽修、蘇轍等六家為中心的考察》（臺北：花木蘭文化出版社，2009 年 9 月），上冊，頁 185-186。又，李冬梅以為，宋儒之不贊同正變之說者，推源究始，實首創於鄭樵，其後，葉適、章如愚因其說而申之，力主風雅無正變之說。詳《宋代詩經學專題研究》（成都：四川大學古籍研究所博士論文，2007 年 4 月），頁 139-140。

著作陸續出現，其中有系統地檢討《詩經》傳統觀點的重要著作，首推歐陽修《詩本義》。其次，王安石的《三經新義》「獨行於世者六十年」，[66]成為北宋中晚期最具影響力的經學著作。在《三經新義》頒佈為科舉考試教材的前後，蘇轍開始撰寫《詩集傳》，其書最引人注目的是盡廢「後序」，僅存「首序」一句，以此展開對《詩經》的解釋，這是對古訓基礎的一種撼動。

進入南宋初期，迅即有學者對北宋新派《詩經》學者的意見進行整理、取捨的工作，其中較早者為李樗的《毛詩詳解》，緊接著又有黃櫄推出性質略為相近的《詩解》之作。或許是受了北宋新派學者的影響，李樗在書中有幾處對於《詩序》提出較為直接的批判，而卷前「毛詩綱目」中又僅列出「首序」，以是而讓今之研究者誤以其為反《序》派的人物。至於黃櫄則為一位徹底支持傳統解釋的《詩經》學家，其保守程度更在李氏之上。

北宋新派學者經過長期的努力，似乎在南渡初期的《詩經》集解著作中看不出重大的影響，其實這是有理可說的。歐陽修以《詩本義》名其書，但其所推出的新「本義」，卻只有百來篇，此舉無異是承認《詩序》的詮釋超過六成是可以信賴的；[67]蘇轍

---

66 語見〔宋〕晁公武：《郡齋讀書志》（臺北：臺灣商務印書館，1978 年 1 月），第 1 冊，卷 1 上，頁 37。

67 《四庫提要》：「……修之言曰：『後之學者，因跡先世之所傳而較得失，或有之矣。使徒抱焚餘殘脫之經，悵悵於去聖人千百年後，不見先儒中間之說，而欲特立一家之學者，果有能哉？吾未之信也。』又曰：『先儒於經不能無失，而所得固已多矣。盡其說而理有不通，然後以論正之。』是修作是書，本出於和氣平心，以意逆志。故其立論，未嘗輕議二家，而亦不曲徇二家。其所訓釋，往往得詩人之本志。」《四庫全書總目》，第 1 冊，卷 15，頁 335。有關歐陽修 114 篇詩本義之內容，可參裴普賢之〈歐陽修一一四篇詩本義內容與朱熹詩集傳對照表〉及表後之說明，《歐陽修詩本義研究》（臺北：東大圖書公司，1981 年 7 月），頁 13-98。

保留全部的「首序」，在「首序」的制約下，當然無法提供真正
新穎的解釋。至於王安石，既以《詩》為「上通乎道德，下止
乎禮義」之教科書，又謂「子夏所序《詩》，今之《毛詩》是也」，
故其所謂「新義」在大旨的詮釋上還是得配合古聖先賢的遺訓。
[68]況且，這幾位新派學者雖然對於《詩序》的接受程度不一，但
視三百篇為聖人垂訓萬世之經典，則為其共識。在這樣的情況
之下，《毛詩李黃集解》雖大量引用歐、王、蘇三人著作，[69]但
在《詩序》的依違程度上，李樗少量地批判了一些《序》說，
黃櫄則仍然回到傳統的行列，實無足為奇。若說福建地區的學
者有保守之治學傾向，實又不然，蓋與李樗同時的鄭樵也是福
建人，卻是宋代最勇於推翻《詩序》的人物，[70]受到鄭樵影響，
從保守態度轉而大力批評《詩序》的朱熹，[71]其主要活動地區也

---

68 王安石《詩經新義》將「〈詩大序〉連〈關雎・小序〉，冠〈關雎〉篇首，
亦全經之旨；其它各篇小序分繫各篇經文之前，且均為之訓義」。「安石以
《詩序》乃詩人自作，尊同本經，《序》義關乎詩旨甚大，經局舊由呂升
卿任解《詩序》成編，安石重加刪酌，奏請頒行。」引文見程元敏：《三
經新義輯考彙評（二）——詩經》（臺北：國立編譯館，1986 年 9 月），頁
332。

69 依筆者初步統計，《毛詩李黃集解》引述北宋儒者新說的以王安石《詩經
新義》最多，約五百餘處，其中約有八成出自李樗所引。其次是歐陽修《詩
本義》與蘇轍《詩集傳》，各約二百餘處。不過，李樗引王安石，往往志
在批評，意義與引用歐、蘇者不同，宜分別看待。

70 鄭樵有關《詩經》的著作有《詩傳》、《原切廣論》、《辨詩序妄》、《詩辨妄》
等書，今皆已亡佚，只能從後人的輯佚成果看出其部分《詩》論。詳林慶
彰：〈鄭樵的詩經學〉，《宋代經學國際研討會論文集》（臺北：中央研究院
中國文哲研究所，2006 年 10 月），頁 311-328。

71 朱熹：「舊曾有一老儒鄭漁仲更不信〈小序〉，只依古本與疊在後面。某今
亦只如此，今人虛心看正文，久之其義自見。」「向見鄭漁仲有《詩辨妄》，
力詆《詩序》，其間言語太甚，以為皆是村野妄人所作。始亦疑之，後來
子細看一兩篇，因質之《史記》、《國語》，然後知《詩序》之果不足信。」
〔宋〕黎靖德編，王星賢點校：《朱子語類》（臺北：華世出版社，1987 年
1 月），第 6 冊，卷 80，頁 2068、2076。

是在福建，可見《毛詩李黃集解》的解《詩》立場與作者的地域無關，只能說是個人閱讀經典的選擇，當然，兩人採集解、論說的體式進行寫作，新舊之解俱收，保留完整的《詩序》也可謂是開通合理的作法。

第三章 《毛詩李黃集解》探研

——以書寫體例與解釋方法為考察中心

第一節 前 言

　　漢代《詩經》學原有四家，其中的古文《毛詩》在解題方面有完整的《詩序》，在訓釋方面有以簡緻嚴謹著稱的《毛傳》，[1]東漢末又隨著鄭玄（127-200）所作的箋釋而成為《詩經》學研究的重要文本，加上今文三家《詩》又先後消亡，使得《毛詩》幾乎成為研究的唯一對象，這種獨尊現象到唐儒孔穎達（574-648）奉敕修纂《五經正義》時達到顛峰。不過，唐代的《詩經》學雖在官方的引導下出現了統一的解釋，但是挑戰隨即出現，如成伯璵就直接質疑《毛詩》解釋的合理性與合法性，並且直接以己意解《詩》。[2]這種懷疑的精神、積極批判的態度，

---

1 阮元〈十三經注疏校勘記〉：「《傳》例簡嚴，複者甚少。」馬瑞辰：「《毛詩》詞義簡奧，非淺學所易推測。」分見〔漢〕毛亨傳，〔漢〕鄭玄箋，〔唐〕孔穎達疏：《毛詩正義》，收於《重刊宋本十三經注疏附校勘記》（臺北：藝文印書館，1976年5月），第2冊，卷16之3後附，頁566；〈毛詩後箋序〉，收於〔清〕胡承珙著，郭全芝點校：《毛詩後箋》（安徽：黃山書社，1999年8月），上冊，卷前，頁1。

2 《四庫提要》謂唐成伯璵所撰《毛詩指說》：「定《詩序》首句為子夏所傳，

成為宋代《詩經》學疑古風潮的先聲。

　　《詩經》的研究進入北宋，開始出現群起質疑漢學的現象，學者在疑古的態度下，勇於提出新穎的見解，全面性地針對《詩經》學內容進行富有時代意義的闡釋，呈現出嶄新的局面。[3]勇

其下為毛萇所續，實伯璵此書發其端，則決別疑似，於說《詩》亦深有功矣。」《四庫全書總目》（臺北：藝文印書館，1974 年 10 月），第 1 冊，頁120。洪湛侯以為《毛詩指說》至少有兩點值得介紹，一是《提要》所言「定《詩序》首句為子夏所傳，其下為毛萇所續」，另一是「在解詩上，不管毛亨、鄭玄說法如何，成伯璵完全按照己意去解《詩》。影響所及，開啟了宋以後學者以己意解《詩》的風氣」。洪氏又謂成伯璵「注重文體，對於研究《詩經》的藝術特點，也是很有幫助的」。詳《詩經學史》（北京：中華書局，2002 年 5 月），上冊，頁 229。張啟成：「成氏的《毛詩指說》雖然只是一篇論文式的著作，僅六千餘字，線條較粗，表達亦有所欠缺，因循舊說亦不少。但他的『魯、殷為變頌說』，他對《詩序》寫作時間的考證，他對《詩經》魏晉南北朝時期發展概況的論述，特別是他對《詩經》語助詞與句式的論述，都有一定創新精神與文獻參考價值，值得我們重視與珍惜。」《詩經研究史論稿》（貴陽：貴州人民出版社，2003 年 2 月），頁 169。案：《毛詩指說》約作於代宗、德宗之際，屬於唐代後期的經說。詳侯美珍：〈成伯璵毛詩指說之研究〉，《河北學刊》1997 年 2 期，頁 61。

3　宋代《詩經》有新派、舊派之分，是本文的核心概念之一，只是，所謂新派、舊派並不容易作出明確的界定，除非像王質、范處義般居於新舊二個端點的學者，才能以對比的方式，具體地描述新舊差異。甘鵬雲（1862-1941）〈宋元明詩學流派二則〉：「《四庫提要》謂自歐陽修、蘇轍以後，《詩》家之別解漸生，自鄭樵、周孚以後，《詩》家之爭端大起。紹興、紹熙間所爭執，要其派別不出兩家。迄宋末，而古義牿亡，新學遂立。元代承之，理《詩》之家，祇箋疏朱《傳》。延祐頒制，而朱《傳》遂在學官。宋之兩派，至元遂一派孤行矣。」甘鵬雲：《經學源流考》（臺北：廣文書局，1977 年1 月），卷 3，頁 91-92。本文所謂新派大抵即指甘氏所謂之別解漸生之《詩》家。目前學界多以新、舊討論宋學在形式與觀點上的差異，其本身並不據科學上的量化或界定意義，而是一種狀態、樣貌的描述。這並不代表「新」、「舊」是混淆、模糊的概念，反而因為「新」、「舊」具有意涵上的二分結構，在論述時將更能表明著作的特質與指向、意圖。事實上，宋代學者很早就自覺到，經學詮釋若在方法與內容上與前代不同，即具「新」之特質。以王安石為例，《詩經新義》固然尊重《序》說，但王氏以「道」為據，依「法」而行的詮經進路，以法、以禮解《詩》的意涵呈現，早已非傳統《詩經》學所能侷限。是故，筆者以為，在《詩經》學史上，所謂的「新」「舊」兩派，不僅表現在對於《詩序》的態度上，同時也是方法、內涵、觀點與體式上的創新。當然新舊之分是一種相對的概念，例如同樣是尊重傳統的

於推陳出新，拒絕因襲舊說的新派學者有歐陽修（1007-1072）、
劉敞（1019-1068）、王安石（1019-1086）、張載（1020-1077）、
程顥（1032-1085）、程頤（1033-1107）、蘇轍（1038-1112）……
等。[4]這些學者的相關著作未必皆站在《詩經》漢學的對立面，
但詮釋方法與內容已非傳統舊說所得侷限，則當可以肯定。[5]

南宋時代，反《序》陣營中的著作，其「新」的程度遠在

說《詩》者，若在解釋中大量放入理學觀點、文藝析解，則相對於篤信《詩
序》、遵守漢唐注疏者，仍顯現出其「新」的一面。相關資料可參〔清〕皮
錫瑞：《經學歷史》（臺北：藝文印書館，2000 年 11 月），頁 237-238；葉國
良：《宋人疑經改經考》（臺北：國立臺灣大學中國文學研究所碩士論文，
屈萬里先生指導，1977 年 6 月），頁 75-96；李師威熊：〈兩宋的新經學〉，
收於《中國經學發展史論》（臺北：文史哲出版社，1988 年 12 月），上冊，
頁 285-349。

4 朱熹：「《詩》自齊、魯、韓氏之說不得傳，而天下之學者盡宗毛氏。……
至於本朝，劉侍讀、歐陽公、王丞相、蘇黃門、河南程氏、橫渠張氏始用
己意，有所發明，雖其淺深得失有不能同，然自是之後，三百五篇之微詞
奧義乃可得而尋繹，蓋不待講於齊、魯、韓氏之傳，而學者已知《詩》之
不專於毛、鄭矣。」〈呂氏塾讀詩記序〉，呂祖謙：《呂氏家塾讀詩記》，
中國詩經學會編：《詩經要籍集成》（北京：學苑出版社，2002 年 12 月），
第 6 冊，卷前，頁 411：1a。

5 案：相關著作指的是歐陽修的《詩本義》，劉敞的《七經小傳·毛詩》，王
安石的《詩經新義》（《經義考》作《新經毛詩義》），張載的《詩說》，程頤
的《詩解》（《經義考》題《伊川詩說》），蘇轍的《詩集傳》（《經義考》作
《詩解集傳》）……。其中，張載的《詩說》一書，《經義考》云：「《宋志》：
『一卷。』存。」〔清〕朱彝尊原著，林慶彰、楊晉龍、蔣秋華、張廣慶編
審：《點校補正經義考》（臺北：中央研究院中國文哲研究所，2004 年 12 月），
第 3 冊，卷 104，頁 834。然其全文今已不復見，其內容則散見於《正蒙·
樂器篇》、《經學理窟·詩書篇》及《張子語錄》，其說詩特質可參拙著：《宋
代詩經學探析——以歐陽修、蘇轍等六家為中心的考察》（臺北：花木蘭文
化出版社，2009 年 9 月），上冊，頁 11-12；張雷、陳戰峰：〈張載《詩經》
學之「心性義理」論〉，《理論導刊》2009 年 6 月，頁 111-112。另，本文亦
列入程顥有方便上的考量，蓋除了程頤《詩解》之外，二程的《詩》學理
論還常見於二程語錄，有關二程之《詩經》學可參邱培超：〈二程的詩經學〉，
《中央大學第一屆青年儒學國際學術會議論文集，2003 年》，
http://www.ncu.edu.tw/~phi/confucian/docs/2003_July_Dec/yc03.doc；譚德
興：〈試論程顥程頤的詩學思想〉，中國詩經學會編：《詩經研究叢刊》第六
輯（北京：學苑出版社，2004 年 3 月），頁 96-120。

北宋之上，其中，影響力最大的無疑是朱熹（1130-1200）的《詩集傳》。依據學術發展演變的規律，南宋新派《詩經》學著作必然就是在北宋新派著作的基礎上繼續前進的。亦即，朱熹踵繼前賢，再創新局，為《詩經》解釋提出重要的突破。[6]問題是，朱熹不守《詩序》之《詩集傳》舊本完成於 1184 年，新本完成於 1194 年，[7]距離歐陽修《詩本義》完成時間已有百餘年之久，距離蘇轍《詩集傳》也有七、八十年的時間差距。其間北宋新

---

6 蔡方鹿：「朱熹《詩經》學的提出，經歷了演變發展的過程。他在宋代《詩》學興起的時代背景下，受到歐陽修、蘇轍、鄭樵等人思想的影響，又與同時代的學者相互交往，在這個過程中，提出了自己的《詩》學思想。」蔡方鹿：《朱熹經學與中國經學》（北京：人民出版社，2004 年 4 月），頁 341。

7 最早的《詩集傳》為守《序》之作，朱熹自云：「某向作《詩解》，文字初用〈小序〉，至解不行處，亦曲為之說。」〔宋〕黎靖德編，王星賢點校：《朱子語類》（臺北：華世出版社，1987 年 1 月），第 6 冊，卷 80，頁 2085。案：今人據此或謂朱熹遵《序》之書，名為《詩集解》，其後改寫之作，始名《詩集傳》。今本《詩集傳》卷前通常有附朱熹之〈序〉，朱鑑注云：「此乃先生丁酉歲用〈小序〉解經時所作，後乃盡去〈小序〉。故附見於辨呂氏說之前。」《詩傳遺說》，影印《文淵閣四庫全書》（臺北：臺灣商務印書館，1983 年 8 月-1986 年 3 月），第 75 冊，卷 2，頁 518：8b。學者多據此注，以為遵《序》解詩的《詩集解》完成於丁酉年，即南宋孝宗淳熙四年（1177），時朱熹四十八歲。淳熙七年（1180），朱熹去函呂祖謙云：「大抵〈小序〉盡出後人臆度，若不脫此窠臼，終無緣得正當也。去年略脩舊說，訂正為多，尚恨未能盡去，得失相半，不成完書耳。」〈答呂伯恭書七〉，〔宋〕朱熹著，陳俊民校編：《朱子文集》（臺北：德富文教基金會，2000 年 2 月），第 4 冊，卷 34，頁 1338。據此可知，朱熹可能在淳熙六年（1179）著手修訂《詩集傳》。淳熙十一年（1184）完成。其後朱熹多次修訂《詩集傳》，光宗紹熙五年（1194），朱熹在〈致李公略書〉、〈與葉彥忠書〉、〈答蔡季通書〉分別言及新版《詩集傳》的完成。本文所謂「不守《詩序》之《詩集傳》舊本完成於 1184 年，新本完成於 1194 年」主要是根據上述資料，這也是多數學者的意見，不過，根據朱傑人的考證，朱熹最遲在淳熙丁酉（1178）開始對尊《序》的《詩集傳》進行修訂，至遲到淳熙己亥（1179），新《詩集傳》已具初稿；淳熙丙午（1186），新《詩集傳》成書，但尚未發表；淳熙丁未（1187），新《詩集傳》開始刊刻，並有可能在當年，至遲在次年（紹熙元年，1190）刊成。備之以參。詳朱傑人：〈朱子詩傳綱領研究〉，鍾彩鈞主編：《朱子學的開展——學術篇》（臺北：漢學研究中心，2002 年 6 月），頁 36-40。

派《詩經》學者的影響與後繼學者對其之取捨臧否，在《詩經》學史上較少著墨，這是《詩經》學史論述上的一段空白。

事實上，在南宋初期，已有學者對北宋新派《詩經》學者的意見進行整理，其中最早者為李樗（約生於政和元年〔1111〕之前，卒於紹興二十五年〔1155〕）。李樗是呂本中（1084-1145）的學生，林之奇（1112-1172）的表兄，[8]著有《毛詩詳解》四十六卷，[9]根據黃震（1213-1280）「南渡後，李迂仲集諸家，為之辯而去取之」之言，[10]可知本書編寫於南宋時期，內容為蒐羅各家注釋，並視情況加以評述。稍後黃櫄（生卒年不詳，孝宗淳熙年間〔1174-1189〕受進士銜，寧宗嘉泰二年〔1202〕尚在世）編寫《詩解》二十卷，體例接近李樗《毛詩詳解》，並大量引述李樗之語。或許因為兩人皆為福建人氏，兩書又有互補相因之關係，因此後人將兩書合併，名為《毛詩李黃集解》（書名或作《毛詩集解》，詳後），刊行於世。[11]

8　〈紫薇學案〉，〔清〕黃宗羲原著，〔清〕全祖望補修，陳金生、梁運華點校：《宋元學案》（北京：中華書局，1986 年 12 月），第 2 冊，卷 36，頁 1247。

9　案：此處所謂 46 卷係據《宋史・藝文志》，而陳振孫《直齋書錄解題》、馬端臨《文獻通考》以及《四庫全書總目》皆云三十六卷。分見《宋史》（北京：中華書局，1977 年 11 月），第 15 冊，卷 202，頁 5046；《直齋書錄解題》（臺北：廣文書局，1979 年 5 月），上冊，卷 2，頁 15，總頁 99；《文獻通考》（北京：中華書局，1986 年 9 月），下冊，卷 179，頁 1547；《四庫全書總目》，第 1 冊，卷 15，頁 337：15b。

10　〈讀毛詩〉，《黃氏日抄》，影印《文淵閣四庫全書》，第 707 冊，卷 4，頁 27：1a。

11　《通志堂經解書題索引》：「此書（《毛詩李黃集解》）閩縣李迂仲、龍谿黃實夫二家，卷前各有詳說總論，其卷內，黃氏又引李迂仲說，蓋黃在李後，或是本相續而作，互為補苴併為一書，故無合編姓氏也。」陳柸治、謝慧暹編：《通志堂經解書題索引》（臺北：文史哲出版社，1995 年 12 月），頁

第二節 《毛詩李黃集解》的作者
與書名問題

　　《毛詩李黃集解》的作者是李樗與黃櫄。《宋史・藝文志》
著錄李樗《毛詩詳解》四十六卷，黃櫄《詩解》二十卷，〈總論〉
一卷，[12]但不為兩人立傳。雖然，兩人絕非身居荒野的塾師學究，
陳振孫《直齋書錄解題》且稱李樗為「閩之名儒」。[13]

　　李樗，字迂仲，福建閩縣人（今福州、閩侯一帶），世稱三
山先生、迂齋先生。[14]李樗與表弟林之奇一同拜入呂本中之門
下，在福建地區具有一定的聲望，其《毛詩詳解》已隨合編之
作《毛詩李黃集解》的流行而亡佚，但吾人仍可知此書主採集
解體式，羅列各家意見，然後進行判斷，以顯己意，有如陳振
孫《直齋書錄解題》所言：「博取諸家說，訓釋名物文意，末用

　　94。四庫館臣推測合編者乃建陽書肆，說詳下節。
12 《宋史》，第 15 冊，卷 202，頁 5046、5047。
13 《直齋書錄解題》，上冊，卷 2，頁 15，總頁 100。
14 《宋元學案》：「李樗，字迂仲，侯官人，自號迂齋，與兄楠俱有盛名，並
　　以鄉貢不第早卒。臨終謂林少穎曰：『空走一遭！』勉齋嘗稱之曰：「吾
　　鄉之士，以文辭行義為學者宗師，若李若林，其傑然者也。」所著有《毛
　　詩解》，博引諸說，而以己意斷之。學者亦稱為三山先生（馮雲濠案語：
　　《閩書》言先生有《毛詩註解》，學者稱迂齋先生）。」〈鄉貢李迂齋先
　　生樗〉，《宋元學案》，第 2 冊，卷 36，頁 1247。案：關於李樗的字號，
　　文獻所載不一，《經義考》引明末何喬遠（1558-1631）《閩書》，以及《福
　　建通志》、《四庫全書總目提要》皆謂李樗「字若林」，然此一記載實不可
　　信，詳拙文：〈尊《序》？反《序》？──析論《毛詩李黃集解》的解《詩》
　　立場〉，《臺大文史哲學報》第 76 期（2012 年 5 月），頁 4-5。案：此文
　　已收入本書。

己意為論以斷之。」[15]

　　黃櫄，字實夫，福建龍溪人，生卒年不詳，據《宋元學案》記載，「黃櫄，字實夫（馮雲濠原案：先生名一作樵），漳州人，樵仲之弟。淳熙中舍選，入對大廷，獻十論，升進士丙科，調南劍州教授。三山講學之侶，二李與林其眉目，而先生亦翹楚也。迁仲解《毛詩》，先生足之」。[16]此處「三山」一詞指林之奇，「二李」應為李樗兄弟。黃櫄之兄黃樵仲於光宗紹熙元年（1190）應朱熹之邀，講學於漳州，時朱熹六十歲。黃櫄於淳熙年間（1174-1189）始以太學舍選資格受進士銜，由此可知，黃櫄生存年代後於李樗，約與朱熹同時。

　　黃櫄編寫《詩解》二十卷，體例接近李樗《毛詩詳解》，並大量引述李樗之語，而不輕易評騭之，且隨處皆可以看出全書旨在為李樗《毛詩詳解》進行補充式的論述。

　　作為書名，《毛詩李黃集解》容易讓人誤以為是李樗與黃櫄共同商議後推出的《詩經》集解之作，實則李、黃二人各有專著，書名有異，而現存《毛詩李黃集解》則為李、黃二人二書的合集，在編纂體例、內容陳述與訓解字詞等方面，都與傳統的解《詩》著作大異其趣。《四庫全書》收有《毛詩李黃集解》一書，[17]文津閣本卷前〈提要〉云：「《毛詩集解》四十二卷，宋

15 《直齋書錄解題》，上冊，卷 2，頁 15，總頁 99-100。
16 〈紫薇學案〉，《宋元學案》，第 2 冊，卷 36，頁 1249。
17 案：《毛詩李黃集解》有異名數種，對於各本題名之異同及本筆者採用《毛詩李黃集解》之理由，略加說明於下：筆者所研究的對象為《毛詩李黃集解》，此一文本為李樗《毛詩詳解》、黃櫄《詩解》之合編本，《通志堂經解》本卷端題「李迁仲黃實夫毛詩集解」，版心題「毛詩李黃集解」，《文淵閣四庫全書》第 71 冊所收書名為《毛詩李黃集解》，各卷開頭皆標「欽定四庫全書毛詩李黃集解」，而提要與版心則使用簡易書名，《毛詩集解》。

李樗、黃櫄二家講義也。樗字若林，著《毛詩詳解》三十六卷，
櫄字實夫，著《詩解》二十一卷，二人皆閩之名儒，故後人合
而訂之，而李詠所校呂祖謙《釋音》亦附錄焉。陳振孫稱《詩
解》博采諸家訓釋名物文義，末用己意為論斷。今觀二家之書，
體例略同，櫄則更於樗解未安處，互為引駁，如論《詩序》，樗
取蘇氏之說，櫄則兼用王、程；論〈相鼠〉，樗取歐陽修之說，
櫄則別伸新意是也。雖其中不無有過於偏駁之病，而疏證明白，
足以發揮其說，考據家實取資焉。櫄淳熙中以舍選入對，升進
士丙科，官南劍教授，樗自號迂仲，呂本中之弟子，常領鄉貢，
學者稱為迂齋先生。詠字深卿，亦閩人。」[18]《毛詩李黃集解》

筆者在〈尊《序》？反《序》？──析論《毛詩李黃集解》的解《詩》立
場〉之拙文中云：「早先將李樗的《毛詩詳解》與黃櫄的《詩解》合編為
一書時，書名或許原為《毛詩集解》，但此一書名容易與他書混淆，以《四
庫全書》為例，其所收宋儒《詩》學著作除《李黃集解》之外，亦收有段
昌武《毛詩集解》之作，故在封面上將李、黃之書名為《毛詩李黃集解》，
以與段氏之書區隔，但《提要》述評李、黃之書，則以《毛詩集解》稱之，
各卷開頭亦稱『《毛詩集解》卷一』、『《毛詩集解》卷二』……，唯各卷首
頁上方所標書名仍為《毛詩李黃集解》。」（《臺大文史哲學報》第 76 期，
頁 6-7，已收入本書）在無法確認合編本之原始書名的情況之下，若稱《毛
詩集解》，易與同名著作混淆，故筆者取《通志堂經解》本版心所題與《文
淵閣四庫全書》本首頁與各卷開頭所示之書名──《毛詩李黃集解》。

18 《文津閣四庫全書》（北京：商務印書館，2006 年 1 月），第 65 冊，頁 601：
1a-602：2a。案：此〈提要〉末云「乾隆四十九年三月恭校上」，而題「乾
隆四十五年五月恭校上」之《文淵閣四庫全書》本卷前〈提要〉與此略有
差異，其云：「不著編錄人名氏。集宋李樗、黃櫄兩家《詩》解為一編，
而附以李詠所訂呂祖謙《釋音》。……疑是書為建陽書肆所合編也。樗為
林之奇外兄，又為呂本中門人，其學問具有淵源。《書錄解題》稱其書博
取諸家訓釋名物文義，末用己意為論斷。今觀櫄解，體例亦同。似乎相繼
而作，而稍稍補苴其罅漏。不相攻擊，亦不相附合（原作「符合」，茲依
《四庫全書總目》改）。如論《詩序》，樗取蘇轍之說，以為毛公作而衛宏
續；櫄則用王安石、程子之說，以為非聖人不能作；所見迥為不同。其學
雖似少亞於樗，而其說實足以相輔。編是書者惟音釋取呂祖謙，而訓釋之

的合訂出自何人之手，今日恐難以確認，但此書本非李、黃二人在撰作時有意的合作（二人年紀相差數十歲），加上李、黃二人對三百篇的基本看法同中有異，諸多因素合在一起，讓《李黃集解》的體例設計與內容呈現顯得獨樹一格。

在《詩經》學史上，《毛詩李黃集解》為南宋較早具有「集解」性質之著作，可視為李、黃二人對傳統《詩》解與北宋新說的整理與評論，是相當有意義的一本學術著作。[19]本文探究《李

文則置《讀詩記》而取樗、檦。殆亦以二書相續，如驂有靳，故不欲參以他說歟？」詳影印《文淵閣四庫全書》，第 71 冊，卷前，頁 1：1a-2：2a；《四庫全書總目》，第 1 冊，卷 15，頁 337：15b-16a。四庫的各種提要完成時間不一，根據夏長樸的研究，分纂稿的纂修時間最早，約在乾隆三十八年（1773）《四庫全書》開館修書之時，最晚的則是乾隆六十年（1795）的武英殿本與浙江本《四庫全書總目》。詳夏長樸：〈《四庫全書初次進呈存目》初探——編纂時間與文獻價值〉，《漢學研究》30 卷 2 期（2012 年 6 月），頁 168-169。由於黃檦批評李樗之解者超過二十條（詳後），故以《文津閣》本所言「二家之書，體例略同，檦則更於樗解未安處，互為引駁」之語較合事實。又，《文津閣》本稱「二人皆閩之名儒，故後人合而訂之」，《文淵閣》本懷疑合編者為建陽書肆，案：周中孚（1768-1831）：「李泳，字深卿，亦閩人，始末未詳。……是編合兩家《詩》解於一書，或即出於深卿之手。……所載兩家書，皆以『李曰』、『黃曰』為別。兩家皆博取諸家之說，訓釋名物文義，末用己意為論以斷之，體例俱屬相同，移其本相繼而作，故得併為一書也。至字下釋音，則取《呂氏讀詩記》中所載分綴之，當出於建陽書肆所為，斷非深卿校正時所有矣。」誠如翁方綱（1733-1818）所言，李、黃二書「合輯者姓氏未之詳」，周氏以校正者李泳即為合編之人，殊無據。分見〔清〕周中孚：《鄭堂讀書記》（臺北：廣文書局，1978 年 8 月），第 1 冊，卷 8，頁 133-134；〔清〕翁方綱：《經義考補正》（上海：商務印書館，1937 年 6 月，《叢書集成初編》據《粵雅堂叢書》本排印），卷 4，頁 50。又，李泳，《文津閣》本〈提要〉作李詠，北京中華書局點校本《宋史·食貨志上》作李泳，注云：「李泳，原作『李詠』，據《宋會要·食貨七》之四八、《繫年要錄》卷一六三改。」《宋史》，第 13 冊，卷 173，頁 4198。

19 或謂《毛詩李黃集解》應只是集李、黃二家之解，稱之為「集解」性質之著作，不免有語病。案：集解型著作旨在薈萃眾說，何晏《論語集解·敘》：

黃集解》，將李樗與黃櫄各自的經解文本進行分離論述，以合編
本的特殊體例、雙方原作的書寫體式與解經方法為中心，尋繹
其特質，比較其異同，試圖為兩書合編之緣由尋找內在解釋，
更重要的是，透過兩書之間關係的釐清，亦可提供宋代《詩經》
學史上學術群體之間的論題延續、辨析之例證。[20]

「……所見不同，互有得失。今集諸家之善說，記其姓名，有不安者，頗
為改易，名曰《論語集解》。」皇侃：「此平叔用意也。叔言多注解家，互
有得失而已，今集取錄善者之姓名，著於《集注》中也。若先儒注，非何
意所安者，則何偏為改易，下己意也。頗猶偏也。既集用諸注以解此書，
故名為《論語集解》也。」皇侃又在〈論語義疏敘〉中列出其所採取諸家
之名，並云：「又別有通儒解釋，於何集無好者，亦引取為說，以示廣聞
也」。分見〔南朝・梁〕皇侃：《論語集解義疏》（臺北：廣文書局，1977
年 7 月），上冊，卷首第 2 篇，〈論語集解・敘〉，頁 4；卷首第 1 篇，〈論
語義疏敘〉，頁 10。《毛詩李黃集解》大量引述北宋諸儒之釋義，但由於黃
櫄在解《詩》之初即設定以李樗之意見為主要之參稽、疏解對象，因此在
所取諸家的數量上面，黃氏所引的不如李樗之多。僅以李樗而言，徵引北
宋儒者意見乃是全書一大特色，根據筆者的統計，全《詩》305 篇中，採
集解方式論述的有 272 篇，所徵引的前輩學者之說包括王安石、蘇轍、歐
陽修、程顥、程頤、楊時、陳鵬飛、張載、徐安道、蘇洵、蘇軾、黃庭堅、
司馬光、鄭樵等（依引述次數多寡排列），雖其「引取為說」，未必僅在「以
示廣聞」，而是帶有認同與批評的雙重作用，但就實質內涵來說，仍具集
解性質。

20　《通志堂經解》本《毛詩李黃集解》內容較《四庫全書》本為「豐富」，
此本於卷一之前，尚有〈李迂仲毛詩圖譜詳說〉、〈黃實夫說詩總論〉、〈毛
詩綱目〉、〈十五國都地理之圖〉等項，此部分《四庫全書》本未見，而筆
者論述《毛詩李黃集解》，其文本所據以影印《文淵閣四庫全書》本為優
先，其理由為：《通志堂經解》所收《毛詩李黃集解》，一共四十二卷，另
有卷前數文，包括〈毛詩綱目〉、李迂仲〈毛詩圖譜詳說〉、黃實夫〈說詩
總論〉（內含〈原詩〉、〈觀詩說〉、〈國風〉）、〈族譜〉、〈四詩傳授圖〉、〈十
五國風譜〉與〈毛詩綱目〉，故《通志堂經解》目錄題「李迂仲黃實夫毛
詩集解」四十二卷首一卷」。此卷前數文為《四庫全書》本所無，唯因其
中存在著諸多問題，若以揚州江蘇廣陵古籍刻印社 1996 年本為例，則第
248 頁之〈詩圖總序〉，屬歐陽修《詩本義》所有，與《毛詩李黃集解》無
關，臺北漢京文化公司本（出版社未註明出版年月）無此病，而〈毛詩綱

第三節 合編本的體例設計與李、黃
原書的體式差異

從現今所流傳的版本看來，《毛詩李黃集解》給人的初步印象是，全書以李樗的意見為主，黃櫄為李樗的注解進行申述、闡發的工作，故其解釋僅具補充性的作用。此一印象來自編纂李、黃二人著作時體例的運用上。綜觀《毛詩李黃集解》，從第一卷對《詩序》的說解開始，都是先陳列李樗的意見，再引黃櫄之說。集錄者使用的方式是，先用「李曰」兩字引出李樗的說法，後用「黃曰」以為區隔。有些詩篇甚至只列李樗之說，最末用「黃講同」三字來表示黃氏的意見與之相同。這種情形可能意味著，當初編纂者比對李黃二書的論述，凡確認黃氏的見解、詮釋與李樗無異者，即用此一最簡省的方式予以表明，這種情況在《李黃集解》中共計出現 25 處。[21]

目）又不言出自何人之手，僅列出各篇篇名，篇名下所繫《詩序》之說又僅有首句，可知即使非合編者所加，而係《李黃集解》所本有，亦應出於李樗之手，與黃櫄無涉（黃櫄尊重整體《詩序》，以為「首序」、「後序」同等重要）。此外，此數文不能見著本文所觀察的體例與方法內涵，故本文所據以《四庫全書》本為主，而以《通志堂經解》本合參。

21 25 處分見李樗、黃櫄：《毛詩李黃集解》，影印《文淵閣四庫全書》，第 71 冊，卷 5，頁 116：9a；卷 11，頁 222：2b；頁 224：5a；頁 232：22b；頁 236：30b；頁 238：33a；卷 12，頁 244：7a；頁 251：21b；頁 253：25b；頁 257：33b；卷 13，頁 277：36a；卷 14，頁 293：30a；卷 15，頁 298：3b；頁 301：8b；頁 314：34a；卷 16，頁 316：5b；卷 18，頁 358：16b；頁 362：23b；頁 364：27a；頁 365：29a；卷 19，頁 376：21a；頁 383：34b；卷 30，頁 564：39a；卷 31，頁 567：4b；頁 574：19b。其中較特別

　　第二種類型則是直接標示「黃講闕」，以此告知讀者，黃櫄的解詩意見亡佚而不可得，今本《李黃集解》中出現「黃講闕」之處極少，僅有 4 處。更為特殊的是，書中出現了 1 處「黃不講」之標示。[22]第三種類型則是既無標示「黃講同」，亦無「黃講闕」、「黃不講」，後亦不列「黃曰」字樣，黃櫄之說在詩文之後無法見著，編纂者也未交代原因。今本《李黃集解》這一類缺漏黃櫄之說者共計 51 處。其中有 47 處集中在〈小雅〉，3 處在〈大雅〉，1 處在〈豳風〉。[23]第四種類型同樣缺少黃櫄之說，但用不同的方式來表示，包括：論〈鄭風‧叔于田〉與〈大叔于田〉二詩，在前篇用「黃講見下篇」來表示；〈大雅‧召旻〉

的是論及〈魏風‧碩鼠〉雖用「黃講同」標示，但後面又有「黃氏總論」一段文字，見卷 12，頁 252：22a。

22 《毛詩李黃集解》，〈王風‧黍離〉，卷 8，頁 182：28a；〈陳風‧株林〉，卷 16，頁 315：3a；〈小雅‧祈父〉，卷 22，頁 435：22b；〈我行其野〉，卷 22，頁 439：31b。〈小雅‧采薇〉，卷 20，頁 391：15a。

23 《毛詩李黃集解》，卷 18，頁 360：20b；卷 19，頁 376：21b-380：28a；卷 22，頁 437：26a；卷 22，頁 438：28a；卷 23，頁 452：24a；卷 23，頁 457：35a；卷 24，頁 461：8b；卷 24，頁 464：14b；卷 24，頁 467：20b；卷 24，頁 470：25b；卷 25，頁 476：10a；卷 25，頁 479：16b；卷 25，頁 482：22a；卷 25，頁 483：25a；卷 25，頁 485：28b；卷 26，頁 487：5a；卷 26，頁 490：11a；卷 26，頁 493：16b；卷 26，頁 495：21a；卷 26，頁 496：22a；卷 26，頁 498：26a；卷 26，頁 499：28b；卷 27，頁 503：7a；卷 27，頁 506：13a；卷 27，頁 509：18a；卷 27，頁 511：22b；卷 27，頁 512：25b；卷 27，頁 513：27b；卷 27，頁 515：31a；卷 28，頁 517：3b；卷 28，頁 519：7a；卷 28，頁 521：10a；卷 28，頁 521：11b；卷 28，頁 525：18a；卷 28，頁 526：20a；卷 28，頁 527：23a；卷 28，頁 530：28b；卷 28，頁 531：30b；卷 29，頁 533：4a；卷 29，頁 534：7b；卷 29，頁 536：10b；卷 29，頁 537：12b；卷 29，頁 538：15b；卷 29，頁 540：18a；卷 29，頁 541：20a；卷 29，頁 542：22b；卷 29，頁 543：24b；卷 29，頁 544：27a；卷 31，頁 569：9a；卷 33，頁 633：42b；卷 33，頁 639：49b。

之後用「〈瞻卬〉、〈召旻〉之詩,李迂仲之說當矣」等字表示;
在〈商頌〉之前,出現這樣的文字:「黃櫄曰:『〈商頌〉與夫〈小
雅〉、〈國風〉中數篇皆先儒講說,詳且明矣,茲不重複,學者
當以意逆之。』」其後則對〈商頌〉5篇全部沒有解說。[24]總計這
四種類型共88篇,佔了28.85%,其中又以〈小雅〉為多,共
52篇,〈國風〉24篇,〈大雅〉7篇,〈商頌〉5篇。

　　整體觀之,《李黃集解》全書中,黃櫄說解缺漏的比例超過
四分之一,黃氏《詩解》的原貌是否就是如此,目前難以確認,
或許,編纂者有意刪除黃櫄部分的論述,又或許黃櫄的許多意
見本與李樗極為相似,故編纂者以為不必再羅列於後。除非能
夠取得黃櫄《詩解》的原本,否則研究者只能存疑。

　　不過,今本《李黃集解》中還有另一種體例上的設計,使
得黃櫄之說在全書中幾乎僅具襯托作用。書中除了用「李曰」、
「黃曰」表示李樗與黃櫄的意見之外,還用另一種以「論曰」
開頭的方式陳列解詩意見,此「論曰」並未標明為李、黃二人
中何人之作,但由全書體例的安排可以推知,「論曰」屬於李樗
之說,因為編纂者將「黃曰」放至「論曰」之後,且有部分詩
篇在「論曰」後直接出現「黃講同」,可見此「論曰」文字當歸
屬於李樗。這種「論曰」的體例出現在《毛詩集解》中共計28
處。[25]

---

24 《毛詩李黃集解》,卷9,頁201:30a;卷36,頁704:27b;卷41,頁799:22b。

25 《毛詩李黃集解》,卷9,頁189:6b;頁191:10a;頁199:26b;卷10,頁211:15b;頁212:17b;頁218:29b;頁220:32b;卷11,頁225:7a;頁227:12b;頁237:32b;卷15,頁310:27b;卷16,頁318:8a;頁324:20a;卷17,頁335:4a;卷19,頁383:34a;卷20,頁387:

　　合編本《毛詩集解》的體例中，最值得注意的是「黃講同」的設計。進一步檢視全書，筆者發現，黃櫄對三百篇的解說，有不少詩篇確實呈現一種「黃講」與李說相同的風格，不僅和前面李樗的意見雷同，甚至連舉出的例證都與李氏一樣，黃櫄只是將李樗的意見用較為簡約的文字複述一遍。這種例證，全書大約有 28 個。如論〈邶風・谷風〉，李樗花了近兩千一百餘字講述其旨意，並於文末舉《後漢書・宋弘傳》為例，說明人情皆富貴而忘貧賤，不能如宋弘般富貴後仍不棄糟糠之妻。黃櫄的見解相同，文字濃縮至 184 個，且所舉例證也和李樗相同。[26]又如〈鄭風・大叔于田〉、〈齊風・還〉、〈魏風・陟岵〉、〈唐風・椒聊〉、〈杕杜〉、〈羔裘〉、〈陳風・墓門〉、〈小雅・庭燎〉、〈周頌・振鷺〉……等，李、黃二氏所用以說明詩意的典故、事例也完全一樣。[27]從篇幅比例及內容相似程度來看，都再一次說明《毛詩集解》中黃櫄的輔助性質。

　　此外，根據筆者的觀察，黃櫄在整部《毛詩集解》中最常

　　6a；卷 22，頁 430：12a；頁 436：25b；頁 437：27b；頁 439：30b；卷 23，頁 443：6b；頁 446：13a；卷 25，頁 475：9b；頁 484：27a；卷 28，頁 524：17a；頁 525：19a；卷 35，頁 668：8a。

26 《毛詩李黃集解》，卷 5，頁 116：9b-120：17a。

27 除前註所標出處，其餘 27 處分見《毛詩李黃集解》，卷 2，頁 38：7b-39：9b；卷 3，頁 73：19b-74：21b；卷 4，頁 99：17b-100：18a；卷 4，頁 109：37b-110：38a；卷 5，頁 120：16b-17a；卷 5，頁 121：19a-122：20a；卷 5，頁 124：15a-b；卷 6，頁 133：4a-b；卷 6，頁 135：9a-b；卷 6，頁 138：14b-15a；卷 6，頁 145：29b；卷 7，頁 152：6b-153：8b；卷 7，頁 157：17b-158：18b；卷 9，頁 203：34b；卷 10，頁 218：28b；卷 11，頁 228：13a-b；卷 12，頁 247：13a-b；卷 13，頁 261：4b-5a；卷 13，頁 265：12a-b；卷 13，頁 266：15b-267：16a；卷 15，頁 307：20b-21a；卷 15，頁 311：28a-b；卷 22，頁 430：12b-13a；卷 32，頁 600：30b-31a；卷 34，頁 644：8a；卷 38，頁 738：13b-739：14b；卷 38，頁 743：23b-744：24b。

出現的解釋形式為，大致可以認同李樗之說，但以為李說尚有
不足之處，因此在文末透過簡短的幾行文字來抒寫己見。有時
則是以為李樗之說業已足夠，故僅略說大意，不再費詞，因此
在篇幅上容易出現相對精簡的現象。這一類型的詮釋與「李曰」
的詳盡內容並觀，很容易讓人見出黃櫄的書寫動機即是在補
充、申述李氏的《毛詩詳解》。如論〈秦風‧駟驖〉，李樗用了
約九百字來說解全詩意旨，其中涉及《春秋》對「狩于郎」、「蒐
于紅」的譏刺，黃櫄花了二百字左右針對此譏刺之說進行詮釋，
至於〈駟驖〉的主題則略而不論，顯然黃櫄旨在補充李樗最末
之說。[28]其他如論〈鄘風‧牆有茨〉，「李曰」用了七百餘字解說
該詩，而「黃曰」則僅使用 83 字，與李樗之說相比顯得極短；
論〈葛生〉，「李曰」用了八百餘字，而黃櫄只有 63 字。討論〈晨
風〉時，「李曰」使用五百餘字來詮說該詩意旨，黃櫄則略過詩
中生難字詞，僅針對某一關鍵義理辯論，全文亦僅 137 個字。[29]
類此之例，僅就十五〈國風〉來觀察，至少就有 49 個。[30]根據

---

28 李樗解〈駟驖〉於末段云：「此詩與〈山有樞〉之詩美刺雖不同，其實同
也。〈山有樞〉之詩以刺昭公，是刺詩也。此詩以美秦仲，是美詩也。〈山
有樞〉之詩大槩以昭公有衣裳、車馬、鐘鼓，而不能自樂也，則失其為君
之道，所以刺之也。秦仲始大，有車馬、禮樂、侍御之好，襄公有田狩之
事，園囿之樂，如此則可以為君，故詩人美之，不然則《春秋》之狩于郎、
蒐于紅皆一一而譏之，而詩人美之，果何為耶？觀詩者當自默喻矣。」《毛
詩李黃集解》，卷 14，頁 281：6a-7a。

29 《毛詩李黃集解》，卷 6，頁 143：24b；卷 13，頁 275：32a；卷 14，頁
294：31a-31b。

30 除了以上三例之外，其餘分見《毛詩李黃集解》，卷 4，頁 105：28b-19a；
頁 107：32a-b；頁 147：32a-b；頁 148：35a-b；卷 7，頁 154：11b-155：
12a；頁 156：14a-b；頁 159：21b-160：22a；卷 8，頁 171：7b-172：8a；
頁 173：11a；頁 174：13b-175：14a；頁 175：15b；頁 177：18a-b；頁 178：
20b；頁 180：24a-b；頁 182：29b；頁 183：31b-184：32a；卷 9，頁 187：

以上的統計，再輔以李、黃二人的學術淵源與地緣關係，即可以推想黃櫄當初寫作《詩解》的動機，當如上述，就是在為李書進行擴充、補強的工作。

不過，為李書進行擴充、補強的工作，雖為黃櫄撰寫《詩解》的主要動機，但不是唯一的動機，蓋由書中所呈現的內容觀之，黃櫄的撰述也有質疑、批評、修正李說的用意，當然，也有可能是在實際的編述過程中，發現前儒（包括李樗）的解釋委實不洽其心，故不能不起而辨駁之。以《詩序》之作者為例，李樗同意蘇轍所言之「毛氏之學，而衞宏之所集錄」，黃櫄則云：「迂仲以蘇之說為當且盡。王、程（案：指王安石與程頤）近世大儒也，而又以為非漢儒之所能為。竊嘗合是說之不一，而一之於吾心，以為王、程之說與吾心合，而於〈大序〉亦合，夫〈大序〉之文溫厚純粹，有〈繫辭〉氣象，彼漢儒者，疇能及此哉！漢儒惟一董仲舒其文近之，而亦未必若是之醇也，況毛公、衞宏之類乎！雖然，程氏謂〈大序〉仲尼所作，則未敢信也。……〈小序〉國史之舊題，〈大序〉記夫子之言，而非夫子之所作也，其餘〈小序〉則漢儒之說或雜其間，如『衞人以宣姜鶉鵲之不若』，如『貪而畏人若大鼠也』之類，決非吾聖人之言，無疑也。」[31]此外，在檢討前人對於〈大序〉內文的解釋

3a-b；頁 189：7a-b；頁 191：10b-11a；頁 192：12b-13a；頁 194：16b-17a；頁 199：27b-200：28a；卷 10，頁 208：8a；頁 213：18a-b；頁 219：30a；頁 220：33a-b；頁 221：35a；卷 11，頁 225：7a-b；頁 226：9b-10a；頁 229：15b-16a；頁 230：17b-18a；頁 239：36b-240：37a；卷 12，頁 246：10a-b；頁 248：15a-b；頁 256：30a；卷 13，頁 263：8b；頁 268：19b-269：20a；卷 14，頁 279：2b-3a；頁 281：6a-7a；卷 15，頁 300：6a-b；頁 303：12b-13a；頁 305：16a-b；卷 16，頁 320：13b-321：14a；頁 322：16b；頁 326：25b-327：26a；頁 330：32-33a。

31 詳《毛詩李黃集解》，卷 1，頁 4：4a-6b。

方面，黃櫄對於李樗也頗有意見；[32]至於詩文之訓釋，黃氏質疑、
否決李氏之說者，也超過二十處。例如，黃櫄於〈關雎〉篇之
末云：「此詩凡五章，古今諸說皆失其義，予非敢以臆說而妄論
先儒之失也，誠以質諸吾心而不合，求於詩人之意而未安，則
不得不為之辨。夫『關關雎鳩』取和之意而已，『在河之洲』取
幽深之意而已，先儒之說則曰：『雎鳩猛鷙而有別，以見后妃之
嚴毅不可犯也；河洲取其遠離於水，以見后妃之不淫於色也。』
夫詩人之意，取其和鳴，學者以猛鷙求之，其氣象大不侔。」[33]
考李樗之說云：「夫以鳩鶪之類，其猛如此，宜其不和也，今也
雖為儔偶，更不私處，既能有別矣，又能關關然其聲之和，而
以取譬后妃居深宮之中，嚴毅而有別，得夫婦之正道。」[34]李樗
所解正同於黃櫄所駁先儒「以猛鷙求之」之說。又如解〈樛木〉
之詩，黃櫄云：「迂仲以為眾妾祝願其上之辭，如萬壽無疆之意，

---

32 黃櫄：「或曰：『風字當如徐氏讀曰諷，以為下之於上則有諷諭之意，上之
於下則有教導之意。』此迂仲之說也。然上以風化下則曰風，而不曰教，
何也？竊謂古人之意以為〈國風〉之詩，其本繫於一人而其化被於一國，
自其本於一人言之，則謂之風，自其及於一國言之，則謂之教，豈不簡且
直哉？」「程氏言《詩》之六體隨篇求之，有兼備者，有得其一二者，而
迂仲之說亦然，謂凡有感動之意者，皆可謂之風，而不必以〈國風〉為風；
凡正陳其事者，皆可謂之雅，而不必以大小〈雅〉為雅；凡有稱美之辭者
皆可謂之頌，而不必以三〈頌〉為頌；信如此說，則六義亂矣。」「李迂
仲則謂〈小雅〉則主一事而言，〈大雅〉泛言天下之事。然〈小雅〉之中
亦有不專主一事者，如〈天保〉、〈魚麗〉之詩，皆備數詩之意，其可以一
事盡之乎？〈大雅〉之中豈盡泛言天下之事而無專主一事者乎？」「陳少
南又謂文王撫有西戎，南化江漢，天下既一，則分岐東於周公，分岐西於
召公，一東一西皆以北為上，自上而下，故言自北而南，李迂仲亦從其說，
吾不知文王所以分地於二公者，果請之天子而與之邪？抑不請之天子而自
與之邪？」以上分見《毛詩李黃集解》，卷1，頁8：12b-13a；頁16：29a；
頁25：46b-47a；頁28：53b。
33 《毛詩李黃集解》，卷1，頁33：62a-62b。
34 《毛詩李黃集解》，卷1，頁31：59b。

蓋李本歐陽之說，亦未為當。」解〈載見〉云：「孔穎達謂成王
即政，諸侯來朝，於是率以祀武王焉。蘇黃門又謂〈載見〉之
作，成王未即政；李迂仲以為其事不可得而知，姑且闕之。予
嘗深考此一篇之義，乃知孔氏之說為有據，未可輕也。」解〈閔
予小子〉、〈訪落〉二詩：「〈閔予小子〉蓋成王始即位而朝於廟
之詩也。鄭康成、李迂仲皆以為成王未即政之詩，然〈訪落〉
之詩言嗣王謀於廟，落者始也，是始即位謀之於羣臣也，成王
朝於廟之時，羣臣在焉，故成王因而謀之，則朝於廟與謀於廟
之詩皆是一時所作，鄭氏、李氏於〈閔予小子〉之詩既言成王
之未即位，而至於〈訪落〉之詩則又言成王之始即位，何其相
戾也！」[35]由此可見，黃櫄大量徵引李樗之說，兼具擴充、補強
與修正的作用，更重要的是，黃櫄在解《詩》的方法論中提出
了更為多樣化的觀點，並且在詮釋過程中就將理論付諸實現（詳

---

35 以上分見《毛詩李黃集解》，卷 2，頁 46：22a；卷 38，頁 747：31b；卷
39，頁 755：8b-9a。案：黃櫄質疑、揚棄李樗之解的另有：〈關雎〉，卷 1，
頁 30：57b-31：58a；〈葛覃〉，卷 2，頁 36：2b-3a；〈兔罝〉，卷 2，頁 52：
34a-35a；〈芣苢〉，卷 2，頁 54：38a-38b；〈漢廣〉，卷 2，頁 55：41a-56：
42a；〈汝墳〉，卷 2，頁 60：50b-51a；〈鵲巢〉，卷 3，頁 64：1b-65：2a；
〈采蘋〉，卷 3，頁 72：16a-16b；〈殷其靁〉，卷 3，頁 81：35a-35b；〈摽
有梅〉，卷 3，頁 83：38b；〈何彼襛矣〉，卷 4，頁 93：4b-94：6a；〈七月〉，
卷 17，頁 347：29b-31a；〈蓼蕭〉，卷 21，頁 405：4a-4b；〈生民〉，卷 32，
頁 591：13b-592：14b；〈卷阿〉，卷 33，頁 627：24a-24b，〈臣工〉，卷 38，
頁 734：5a；〈雝〉，卷 38，頁 746：28b-29b；〈桓〉，卷 40，頁 771：3b；
〈閟宮〉，卷 41，頁 798：20a-20。又案：《文津閣四庫全書》本《毛詩李
黃集解》卷前提要謂：「櫄則更於樗解未安處，互為引駁。如論《詩序》，
樗取蘇氏之說，櫄則兼用王、程；論〈相鼠〉，樗取歐陽修之說，櫄則別
伸新意是也。」對於《詩序》的一些問題，黃櫄固然見解異於李樗，但黃
氏解說〈相鼠〉主題曰：「〈相鼠〉一篇，說者皆未得其旨，予以為詩人非
謂鼠有皮有齒有體，而人之不如鼠也，蓋以為貪冒苟得蠶食於民，而不知
禮儀，如鼠之徒，有皮有齒有體，而無禮儀也。」其言論並無針對性，故
本文不列入黃櫄質疑、揚棄李樗之解中。

後）。

就現存《毛詩集解》而言，可以清楚地看出李樗與黃櫄二人在解《詩》過程中的「慣例」差異，亦即，二人有其不同的解《詩》步驟。李樗的解釋進程較為傳統，先辨解《詩序》大意，然後依序進入詩文，對詩文中較為艱澀或具爭議、關鍵性的字詞提出解釋，在訓解局部字詞的同時也詮釋了整體的意旨。黃櫄大概看到李樗的訓解已頗充分，故不再詮說詩文字詞，而是直接從關鍵性的問題下手，包括最重要的字詞、句式，或歷來有所爭議的相關議題等。至於全詩的意旨為何？黃櫄不擬特意標示，以示對李說的認同。

如論〈陳風・東門之枌〉，李樗先肯定了《詩序》的說法，接著訓解「枌」、「栩」、「子仲」、「南方之原」、「不績其麻」、「越以鬷邁」、「荍」、「握椒」等字詞，訓釋的同時也牽連著全詩意旨而立論。最後意猶未盡的，再以「論曰」的方式發揮詩意，舉出歷史上那些在上位者如周幽王、衛襄公等好巫風而荒怠國事的真實事件，以證成其說。面對李樗如此詳細的說解，黃櫄則直接進入詩文主題，不碰觸那些生難字詞，僅論述陳國的風俗與其影響。其用心與李樗相似，批評陳國男女不紡績、棄其舊業而歌舞於市，以為「上有好者，下必有甚焉者也。……噫！晉有堯之遺風而儉不中禮，陳以大姬之餘而遊蕩無度，國之風俗亦各有所本哉！」其他如論〈檜風・素冠〉，完全不涉及訓詁，只就關鍵「喪禮」之說闡述己見；論〈曹風・蜉蝣〉全用歷史事例，如漢武帝、唐明皇等故實，說明人君若「萌一奢侈之心，則其所任用皆小人矣」；論〈候人〉則以賈誼、貂蟬故事說明「小人盛則君子不得志也」，全無訓釋詩文；論〈小雅・出車〉只解

釋一句「自天子所」；論〈枌杜〉只說明該詩美在何處，刺在何處；論〈南有嘉魚〉亦全無訓詁，只就關鍵之意說之，並舉歷史典故證明人君「苟有好賢之心，則賢者將自至」。[36]

李樗與黃櫄這種解《詩》體例、重心的不同，除了反映黃櫄對李樗說法的高度接受，從宋代解《詩》體例的歷史脈絡來看，也反映出了值得注意的「倒反」現象。

《詩經》學發展至宋代呈現一波新興的風潮，在勇於懷疑傳統的時代精神啟發下，宋儒紛紛對舊有的權威經解抱持質疑的態度，並進而重新注解經典，提出富有時代意義的新詮釋。五經之中，除了《周易》與《春秋》之外，《詩經》也是宋儒關注的重點。[37]宋儒解《詩》的成果除了表現在數量上的眾多，也表現在體式上的創新、多樣。近人郝桂敏將宋代的《詩經》著

---

36 《毛詩李黃集解》，卷 15，頁 303：12b-13a；卷 16，頁 320：13b-321：14a；卷 16，頁 326：25b-327：26a；卷 16，頁 330：32-33a；卷 20，頁 394：20b-21a；卷 20，頁 396：24a；卷 20，頁 400：32b-33a。

37 馬宗霍（1897-1976）言及宋代經學著作云：「其間《易》與《春秋》作者尤繁，蓋《易》本隱以之顯，《春秋》推見至隱，一明天道，一明人事，惟人所說，不必徵實，故自王弼廢象數，而談《易》者日增；自啖助廢三《傳》，而談《春秋》者日盛；空言易騁，亦不獨宋儒為然矣。又南渡而後，國勢不振，士大夫憤夷禍之日亟，痛恢復之難期，情殷中興，念切雪恥，無以寄志，退而著書，則垂戒莫顯乎《易》象，復讎莫大乎《春秋》，趨治二經，殆亦有不獲已者焉。」《中國經學史》（臺北：臺灣商務印書館，1966 年 9 月），頁 121。其實，宋代《詩經》著作亦極多，收錄宋代經學最齊全的《經義考》，《詩》類便佔了一百八十三種，一千八百餘卷，由此可略知其昌盛。實際上宋人的《詩經》學著作應比朱彝尊《經義考》所收錄的一百八十三種還要多，由南宋末年劉克的這一段話可推知。劉氏云：「近世之解經者，盛於前古。一經之說，多至數百家。」《詩說·總說》，收入《續修四庫全書》（上海：古籍出版社，2002 年 3 月），第 57 冊，頁 3。《詩說》完成於紹定壬辰年（1232），距離南宋滅亡之時還有四十餘年，若將這一段時間的著作也收納進去，則宋代《詩經》學著述之盛，更為可觀。

作體式分為九種：集解體、集傳體、纂集體、總聞體、論說體、通釋體、博物體、目錄體、輯佚體，以及其他無法歸類的解經體式。[38]按照郝氏的分類，李樗的解《詩》體式較接近「集解體」，這種體式的特點有二：一為主要在發明經義而不是纂集資料；二為所引的諸家之說，重在諸家對於同一條經文的不同解釋而不是相同的解釋。[39]既然重在求「異」而非求「同」，其得出的結果與傳統舊說自然就會有一些差異，不過，由於李樗對《詩序》的解釋多數都能接受，[40]故其「集解」體式所呈現出的「異」處，當指他對於傳統毛、鄭訓解的態度所持的「異見」。也因為這個「異見」，才使李樗沾上部分新派解《詩》者的色彩。[41]

　　至於黃櫄的解《詩》體式則較難歸類，若依郝桂敏所賦的體式定義，應屬「論說」與「集解」的綜合體，而以前者的成分稍濃。集解體重在提供「異」說，論說體重在辯說、討論，針對三百篇中有所爭議，或者自認具有關鍵性意涵的字句作出解釋，因為重在論辯，且以詩旨大意為主，因此其解《詩》的方式較集解體更為自由。既然黃櫄的解《詩》法傾向於宋代新派學者頗常採用的論說體式，則黃櫄利用此一體式解說的結

---

38 郝桂敏：《宋代詩經文獻研究》（北京：中國社會科學出版，2006 年 2 月），第六章，〈宋代《詩經》文獻體式研究〉，頁 189-225。

39 《宋代詩經文獻研究》，頁 189-190。

40 案：李樗相當支持傳統的「《詩》教」觀點，對於《詩序》的美刺之說自然也就極為維護，檢視其解釋三百篇之詩旨，扣除闕疑不定者 8 篇，與《序》說完全相同的比率高達 92.92%。詳拙文：〈尊《序》？反《序》？──析論《毛詩李黃集解》的解《詩》立場〉，《臺大文史哲學報》第 76 期，頁 7-14。

41 案：戴維將李樗劃入「反《詩序》」的陣營中，此一歸類實屬不當。詳拙文：〈尊《序》？反《序》？──析論《毛詩李黃集解》的解《詩》立場〉，《臺大文史哲學報》第 76 期，頁 14。

果，應當也是偏向「新」的成分較多，[42]但事實卻又未必盡然。在詩文局部解釋方面，黃櫄是有一些主見的，透過前引他對於李樗的評論意見即可得知，但在三百篇詩旨大意的詮釋方面，黃櫄並未利用機會自創新說，反而堅守《詩序》的傳統解釋，亦即，黃櫄雖採用較「新」的、較為自由的論說體式，卻仍舊得出「舊」的解釋，呈現一種矛盾的「倒反」結果。

黃櫄這種「倒反」的矛盾結果讓人思考幾個問題：第一，就詮釋的觀點看，方法與結果之間不見得有直接的、必然的關聯。「論說」之體式讓黃櫄可以擁有較為寬廣的發揮空間，但黃櫄使用了較新穎、較容易掘發出新觀點的方式詮解經典，所得出的結果依然無法脫離《詩序》範限，可見影響詮釋最重要的關鍵仍是「立場」，黃櫄站穩了守舊的立場，然後才進行詮解的動作，有此先見（foreseeing, or prejudice），即使運用與傳統《五

---

42 案：經典解釋的形式，會影響內容呈現的樣態。以「圖說」之類的著作為例，圖像將會參與意義的解釋。根據李家樹的研究，《詩集傳》不能跳出舊說的窠臼，束景南則強調《詩序辨說》的完成「才標誌著《毛序》及其解《詩》體系真正被他（朱子）揚棄了！」楊晉龍也指出：「《詩序辨說》的完成刊刻，其義即在朱子完全肯定自己的觀點正確，可以公之於世，用以糾正當時誤從《詩序》而產生的詮《詩》的錯誤。」分詳李家樹：《詩經的歷史公案》（臺北：大安出版社，1990年11月），頁113-124；束景南：《朱子大傳》（福州：福建教育出版社，1992年10月），頁753；楊晉龍：〈朱熹《詩序辨說》述義〉，《中國文哲研究集刊》第12期（1998年3月），頁303。上述學者的觀察得自檢視朱子二書內容的結果，筆者以為，這跟《詩集傳》、《詩序辨說》的體式仍有某種關係，《詩集傳》採用傳統體式，讓朱子不能盡棄舊說；《詩序辨說》採論說之體，朱子可以針對《詩序》之說特別不洽其意者來發揮，自然容易凸顯出其新穎的詮釋。又案：新的體式未必可以產生新的意義，黃櫄的詮解詩旨就是一個明顯的例子，不過，本文強調的是，新體式較為容易產生新的意義，此所謂意義不見得僅在對傳統的批判上，而往往表現在方法與觀點（或者說治學態度）之新，至於黃櫄採用新的體式進行論述，卻未能得出創新的成果，這正是本文所要解釋的現象。

經正義》相異的論辨方式，拋棄了單字單詞的繁瑣訓解，得出的詩旨大意必然仍與《詩序》相同。第二，黃櫄拋棄傳統訓釋字詞之步驟，直接進入詩文大意來詮解詩文，其所依據的基礎是李樗原先的解釋；李樗先前已經做好了基本的字詞訓解工夫，所以黃櫄可以跳過這一道程式，專就詩旨意向進行詮釋。表面上看，黃櫄省去了基礎的訓解工作，可以將全副精神置於詩旨大意上面，然而從上述可知，黃櫄的解題工作，主要是站在李樗的研究基礎上（包括詩文字義的訓釋基礎，以及詩旨的解釋成果）作選擇性的補充、申述或修正。在這種特殊前提之下所展開的詮釋，看似掌握了訓解的發言權，實則在訓解之前已經讓位了，黃氏把詮釋主體的權力讓給了李樗，而無法從其解釋中看到後來居上的成果。不僅詮釋主體在這裡有了「倒反」，連要詮釋的對象（即三百篇）也產生了「倒反」，三百篇的解釋權讓給了李樗《毛詩詳解》，黃櫄的著作雖原名《詩解》，詮釋與批評的對象主要卻是李氏的《詳解》，這樣的局面是從其原始書名《詩解》所看不出的，從合編本的書名《毛詩李黃集解》當然也看不出。

　　整體而言，李樗、黃櫄解《詩》不僅集合諸家之解，又能適時予以批駁，具有明顯的論辯性質，這在《詩經》學上是有一定程度之意義的。宋代經學家之所以能走出漢唐窠臼，主要是勇於質疑傳統的論述調性與既有的經典解釋。這種質疑不僅在日常的學術討論中進行，更能條理地在著作中展現。經學宋學之「新」，展現在二方面：觀點與形式。以觀點來說，宋代經學家勇於挑戰、批判舊說；以形式來說，思維演繹成為重要的論述主軸。李樗、黃櫄為南宋初年學者，此時經學宋學在形式

與觀點上的新變，已在其著作中具體顯露。在此要特別指出，《詩經》學傳統解釋至唐代已大致建構完成，形成了嚴謹的體系，意義的詮釋足以自證自成，並且還藉助行政力量落實在教育系統中。北宋由歐陽修開始，至王安石、蘇轍等人，不斷撼動《詩經》學的詮釋傳統，這是很大的突破。但是，這些學者的身分若非廟堂高官，即是著名文人，或者兩者兼具，其學術思維形成獨特的群體。本文言及李樗、黃櫄之生平，用意在指出：這二位先生遠居閩地，聲名不出一省。以宋代士大夫階層來看，李樗無官，黃櫄出身「舍選」，算不上頂尖的菁英。二人的出身經歷，其實代表著較為多數的學者背景。所以《李黃集解》雖然未必是南宋《詩經》學中的名著，但是在學術史上卻自有其意義。它代表著北宋開始對《詩經》（或者說「經學」）傳統觀點的批判，與論辯的形式，已為地方、一般學者所不能不正視。尤其《李黃集解》為編纂性質，更能顯出當時的專業讀者，對經學宋學的觀點與形式，有較高的關切度，當然，這是指詩文解釋的內容而言，若就詩篇主題來說，則李樗、黃櫄對於《詩序》的支持，自然與《詩經》新派開山歐陽修的態度是有差異的。

第四節　李樗與黃櫄解《詩》方法的比較

李樗與黃櫄各自有其解經方法，可想而知的是，在大方向上，兩人頗有相似之處，否則兩本著作的合編就顯得不具意義。不過，實際檢視二人所提的理論與實際操作的結果，可以確定

黃樅的方法論較為多元、細膩。

　　細讀《毛詩李黃集解》，可以發現李、黃二人對如何解《詩》大約持幾種相同的觀點：（一）強調以意逆志的必要性；（二）要求讀者「推」求詩意；（三）以為有時詩篇在表面上不言某意，其實其意自見；（四）具有追求詩意之「深」的傾向；（五）認為讀詩不可拘泥於詩文表面之意。這五點看似互不相干，其實彼此互為聯繫，關係深切。第三、四、五點同時指出了李、黃二人將詩意分為表面之意與深層之意，並以追求「言外之意」為解《詩》的首要目標。這三點中，尤以第三點最為李樗所強調。如其論〈小雅‧菀柳〉時云：「此詩但言諸侯不肯朝王，則暴虐無親，刑罰不中，其意自可見，不必於詩中求之也。如〈葛覃〉之〈序〉言化天下以婦道，而詩中未嘗說及化天下婦道；〈卷耳〉之詩言無險詖私謁之心，詩中亦未嘗及此。學《詩》者觀其意之如何，知其意則其〈序〉曉然明白，此學《詩》者之法也。」[43]所謂詩意不必於詩中求，但可自見，顯然是要求讀者在讀《詩》之時，能夠主動地推求詩文背後的深意。此一「深意」，《詩序》在一千多年前就已經指點出來，所以李樗舉〈葛覃〉與〈卷耳〉二詩為證，說明這種情形在三百篇中不僅不是特例，而且學者應當以此為學《詩》之法。李樗在這裡護衛《詩序》之心昭然可見，因此在論及〈鄭風‧緇衣〉、〈小雅‧鹿鳴〉時又再一次提醒讀者，有時詩意雖未顯現於詩中，但讀者可以藉由他篇詩文而探知詩人確有此意。[44]這就表示，李樗以為讀詩最重要的是考索詩外之意，而方法之一就是要全面熟讀三百篇，

43　《毛詩李黃集解》，卷28，頁530：29a。
44　《毛詩李黃集解》，卷9，頁197：22a-22b；卷19，頁368：5a-5b。

以各篇詩文互參，然後設法去進行推敲、求原的工作。

　　對於追求詩之「深意」的必要性，李樗在書中不斷致意，他在論〈鄘風‧君子偕老〉時引用蘇軾（1036-1101）之言：「『夫詩者不可以言語求而得，必觀其深意焉』，故其譏刺是人也，不言其所為之不善，而言其爵位之尊、車服之美而民疾之，以見其不堪也。」[45]又如其論〈衛風‧碩人〉云：「觀詩者不觀其人之衣服與其鳥獸草木之名，必觀其有精意妙旨存乎其間。」因此又舉〈碩人〉所言「衣錦褧衣」為例，強調《中庸》推為慎獨之學；以「巧笑倩兮，美目盼兮，素以為絢兮」之句，說明孔子如何解釋為「繪事後素」，而子夏則順勢推為「禮後」之說。[46]僅從李樗所舉〈君子偕老〉、〈碩人〉兩詩，不易見出「深意」、「精意」的意涵，但若從維護《詩序》的角度來看待此一問題，即可知李樗所謂的「深意」、「精意」主要是指《詩序》的諷刺之說。這些精意、深意因為潛藏在深處，非詩文表面所能得見，因此李樗在詮解三百篇的過程中不斷地提醒讀《詩》者，不可拘泥於詩文的表面之意，切勿受到句法、文法的拘束，而遺忘、拋棄了真正的意旨。因此，類似「說詩者不可泥於一字之間」、「治經之要，當求其大意而通之」、「觀詩者當觀其大意，若泥於文字之間則拘矣」、「學詩當求其大意，不可泥於章句文字之末」、「學者之於詩，要當通之於言意之表，不可泥於文辭之末」的言論充斥在李樗整部解《詩》著作中。[47]

---

45 《毛詩李黃集解》，卷 6，頁 145：28b-29a。

46 《毛詩李黃集解》，卷 7，頁 167：36b。

47 以上引文分見《毛詩李黃集解》，卷 3，頁 80：32b；卷 9，頁 193：15a；卷 12，頁 248：14b-15a；卷 12，頁 256：29b；卷 15，頁 304：15b。其他類似的意見頗多，分見《毛詩李黃集解》，卷 4，頁 102：23b；卷 5，頁

　　李樗此種不拘泥於文辭細節、不侷限於章句表面之意的解釋方法，與其對三百篇的基本態度有關，他始終將《詩經》視為一部修身成德、教化百姓的經典之作，而不單純是一部詩人抒發個人情感、意志的文學作品。因此，他在解說〈陳風‧衡門〉時，認為「學者之於詩，要當通之於言意之表，不可泥於文辭之末」，接著又說：「〈甫田〉之詩雖以刺襄公之志大心勞，然亦可以為學者修身之道也；〈衡門〉之詩雖以誘掖僖公之立志，然亦可以為學者處世之道也。……學者能三復〈甫田〉之詩所謂『婉兮孌兮，總角丱兮。未幾見兮，突而弁兮』，則德修罔覺矣……。學者能三復〈衡門〉之詩所謂『豈其食魚，必河之魴？豈其取妻，必齊之姜？』，則可以視富貴如浮雲耳！」言及孔子以「思無邪」之語蔽三百篇，李樗以為這意味著「通《詩》者不可以訓詁求也」；對於子貢以「如切如磋，如琢如磨」之語來應答孔子，子夏悟出「巧笑倩兮」有禮後之意，李樗的讚語為「此二人者，可以為通《詩》之法；不可以學漢儒之泥也」。[48]

　　從李樗所舉例證與相關言論看來，顯然他承認詩義具有多重性，並以追求言外之意為主，此言外之意也可以說是潛藏在言內的精深之意，探索這樣的深意、精意是為了讀《詩》者的修身成德，這也是解《詩》的最高目標。

　　上文言及的解《詩》觀點中，第三、四、五點可以連結到第二點，即用推求的方式解《詩》，這四點有一共通之處，那就

114：4a；卷 7，頁 159：21b；卷 10，頁 215：23a-23b；卷 20，頁 396：24a；卷 32，頁 604：39b。

48 《毛詩李黃集解》，卷 15，頁 304：15b-305：16a；卷 40，頁 777：14b。

是把解經的焦點擺在讀者身上，要求讀者在詮解詩文的同時，不要拘泥於表面字義，要努力追求文字之外的深意，要從詩文未曾道及的部分，去推敲、演繹出詩人本意。這種要求與工夫，其實就是孟子（372-289 B.C.）所標榜的「以意逆志」。

孟子大概是《詩經》詮釋史上第一個有意地、自覺地提出詮釋方法的學者。孟子之所以鼓勵讀《詩》者「以意逆志」，和其為了改正、對抗從春秋到其時社會賦詩、引詩慣於斷章取義之風氣有關。[49]然而，「以意逆志」說提出之後，其意義與內涵也引起不同的詮釋。[50]對於李樗而言，他當然沒有意識到孟子的「以意逆志」說本身就是一個可以被詮釋的議題，而就其論述的相關內容看來，如同趙岐（108-201）、朱熹，他是把「意」解

---

49 何文禎從「文本」的觀念出發，以為：春秋時代的「賦詩言志」，孔子時代的「教詩明志」都因缺乏文本觀念，而不承認作品的相對獨立性。故在用詩、解詩時採取「斷章取義」的方法。孟子的「以意逆志」說，卻是建立在文本具有相對獨立性的基礎上的解詩方法。他用「害」與「不害」作為閱讀的標準，這就在肯定讀者能動作用的同時，維護了詩歌文本的相對獨立性。〈我國先秦文論中的讀者接受意識〉，《零陵師範高等專科學校學報》第 21 卷第 1 期（2000 年 1 月），頁 47。周克平則云：「先秦解《詩》，流行『賦《詩》斷章，余取所求』。這樣解詩，用詩者的主體性不可謂不突出，但這是『前主體性』的，正如原始藝術是一種非自覺的藝術創造一樣。用詩者『賦詩言志』，最大的問題在於完全拋開了文本，借題發揮，在『用』而不在『解』。用艾柯的區分，一個是『詮釋本文』，一個是『使用本文』。正是對這種極端解詩方式的否定，孟子才提出了『知人論世』、『以意逆志』等解詩讀詩的方法，強調重視作者與文本。」〈中國古代文論讀者意識與特徵〉，《學術論壇》2009 年第 7 期，頁 89。

50 相關討論可參陳志椿：〈「以意逆志」辨〉，《杭州大學學報》26 卷 2 期（1996 年 6 月），頁 78-81；周光慶：〈孟子「以意逆志」說考論〉，《孔子研究》2004 年第 3 期，頁 25-34，周甲辰：〈孟子「以意逆志」說的意義指向探析〉，《廣西社會科學》總第 13 期（2006 年 10 期），頁 132-135；林維杰：〈知人論世與以意逆志——朱熹對《孟子‧萬章》篇兩項原則的詮釋學〉，《中國文哲研究集刊》第 32 期（2008 年 3 月），頁 115-124。

為讀者之意,「志」則是詩人之「志」,[51]而且,對於李樗來說,這個「詩人」有一大部分是指用《詩》來教化後人的聖人。筆者此一推論來自於李樗對《詩序》百般維護的態度,[52]由於其詮《詩》的目標始終擺在聖人之志,因此,對於孟子的「以意逆志」之說,李樗多半強調、要求讀者不要拘泥於文辭表面之意,而是深入經文背後的用意(情志)。[53]

　　然而,「以意逆志」說存在著一個不容忽視的問題。孟子要求讀者在閱讀三百篇時能夠掌握詩人的情志與用心,但當後人以這個標準來檢視孟子時,卻發現孟子自己也未能謹守此一規則,在解《詩》的過程中常逸出詩文之意,而衍生出詩人可能所無之意,此所以顧頡剛(1893-1980)批評孟子無法將自己的訴求付諸實踐。[54]如何解釋孟子這種矛盾的情況?有研究者以

---

51 趙岐:「意者,學者之心意也。」《孟子注疏》(臺北:藝文印書館,1976年5月),頁164:10b。朱子:「言說詩之法,不可以一字而害一句之義,不可以一句而害設辭之志,當以己意迎取作者之志,乃可得之。」《孟子集注‧萬章上》,《四書章句集注》(臺北:大安出版社,2008年9月),卷9,頁429。

52 李樗雖然同意蘇轍之見,以為《詩序》僅其首句出自子夏之手,但在實際解詩時,卻對整體《詩序》相當愛護,經常出現為《詩序》辯解、開脫的文字,其詳可參拙文:〈尊《序》?反《序》?——析論《毛詩李黃集解》的解《詩》立場〉,《臺大文史哲學報》第76期,頁8-11。

53 例如他在闡述〈鄘風‧載馳〉、〈十畝之間〉、〈唐風‧山有樞〉、〈小雅‧四月〉等詩時,就明白地提出了這樣的概念。詳《毛詩李黃集解》,卷7,頁159:21b;卷12,頁248:15a;頁256:30a;卷26,頁491:13b。

54 顧頡剛:「孟子能毅知道『尚友論世』,『以意逆志』,對於古人有了研究歷史的需求,確然比春秋時人進步得多了。但既有了研究歷史的需求,便應對於歷史做一番深切的研究,然後再去引詩才是道理。他竟不然,說是說得好聽,做出來的依然和春秋時人隨便用詩的一樣,甚而至於亂說。」〈詩經在春秋戰國間的地位〉,《古史辨》(上海:上海古籍出版社,1981年11月),第3冊,頁366。

「說《詩》」與「用《詩》」的標準不同來為孟子說解,即「以意逆志」的法則是針對「說《詩》」而提出來的,此一法則主觀上限定了接受者闡釋文本意義之權力,而《孟子》書中那些有所發揮、引伸的例證是「用詩」之便,不能以「用《詩》」的例證來駁斥、質疑孟子的「說《詩》」標準。[55]李樗也注意到孟子說《詩》有偏移詩旨的情形,不過他從不認為這是一個嚴重的問題,只說孟子是為了行文論證之便,用「類推」的方式賦予詩文新的意涵。[56]可見李樗一直堅守說《詩》以詩人(聖人)之志為目標的底線。無論如何,如同孟子,李樗在解《詩》的過程中非常重視解《詩》者的作用,要求讀者必須調動自己所能掌握的文獻資源,務必詳加熟讀、參引,觸類旁通,進一步掌握詩人之情志,進而理解三百篇的意旨。在他看來,「學《詩》者當通其倫類,以詩之所言而求其所未言,則可以通《詩》矣。」[57]

　　就解《詩》的觀點而言,黃櫄的意見多數與李樗相同,然而黃櫄所側重、強調者與李樗又有出入。首先是強調讀者要以「推本」、「原本」的角度來詮釋詩旨。面對全《詩》第一篇〈關雎〉,黃櫄就表示《詩序》所言「蓋推詩人作〈關雎〉之意義如此,謂〈關雎〉之詩所以歌詠不已者,以其樂於得淑女如太姒

---

55 尚永亮、王蕾:〈論「以意逆志」說之內涵、價值及其對接受主體的遮蔽〉,《文藝研究》2004 年第 6 期,頁 46。

56 李樗在解釋〈大雅‧桑柔〉時發現孟子從仁政的角度解釋「誰能執熱,逝不以濯」二句,說:「孟子欲無敵於天下而不以仁,是猶執熱而不以濯也。孟子因論行仁遂引執熱以為說,然可以類推矣。」《毛詩李黃集解》,卷 34,頁 659:39b。

57 詳《毛詩李黃集解》,卷 39,頁 766:31a-31b。

之賢以配文王也」,「詩人推本論之也」。同樣的,〈葛覃〉「后妃
在父母家」等語也是「推本其(后妃)在家之時,其旨深矣」,
〈螽斯〉「不妒忌者乃其推本之論」,〈東方未明〉則是「詩人微
其意以責其臣,而作《序》者原其本以責君也」,[58]此外,在討
論〈大雅・文王〉、〈生民〉、〈周頌・維清〉等詩時,黃氏亦謂
《序》言皆為「推本」之論。[59]

　　黃櫄的「推本」、「原本」之說,當然是在維護《詩序》的
詮解,其用心與方式和傳統維護《詩序》的學者相同,面對那
些詩文本身未嘗言及,而《序》卻明確指出為某事、某人而作
的作品,總得有一些說辭。事實上,黃櫄的「推原」或「推本」
之說的確是一個頗為方便的解釋策略,不僅可以幫有附會之嫌
的《序》說開脫,還可以反過來稱讚《詩序》的高明之處,因
為作《序》道出了詩文表面之外的「真意」、「深意」。如論〈大
雅・鳧鷖〉時,黃氏發現:

> 詩初無持盈守成之說,而作《序》者乃斷然以成王能持
> 盈守成之語而發明之,吾不知其何自而得此。意者作《序》
> 之意蓋曰成王豈以區區之物為足以享神祇,而神祇祖考
> 豈以徒享其區區之物而遂降之福祿邪?求夫神祇祖考所
> 以安樂之意,而推夫成王所以致福祿之由,未有不自持
> 盈守成而得之也。……作《序》者推其平日持守之心,
> 非深於詩者能之乎?後世儒者皆守紙上語,而不能自得

---

58 《毛詩李黃集解》,卷1,頁30:57b-31:58a;卷1,頁36:3b;卷2,
　　頁39:9b;卷2,頁47:24a;卷11,頁231:20b。

59 分詳《毛詩李黃集解》,卷30,頁551:12b-13a;卷37,頁713:15b;頁
　　714:16b。

　　　於詩人言外之意，愚於此益嘆作《序》者之深於《詩》。
　　60

在此，黃櫄把「推」、「自得」、「言外之意」等詞並連使用，說
明了他自己在詮解詩文的過程中注重讀者積極主動的作用，若
想求得詩文的言外之意，就一定要能推求詩意。所以在論〈周
南・螽斯〉時，黃櫄不滿意《毛傳》「繩繩」「揖揖」的解釋，
並說：「此皆先儒之遺論，而予之所自得於此詩獨在於『宜爾』
二字。夫詩人三章而三歎之曰『宜爾』云者，不言其事而寓其
意也。作《序》以不妒忌形容之，蓋謂后妃之不妒忌，則宜其
子孫之眾多也。詩人無不妒忌之意，但言『宜爾』，則其旨深矣。
如『宜其室家』皆當以此類推。」61黃櫄之所以不滿意毛公等人
對於三百篇的解釋，源自於先儒都未能看出詩人的「深意」，獨
有他自己憑藉獨有的體會、推求，從詩文中的某些關鍵性詞句
找到了理解詩文真意的樞紐，進而掌握其「深意」。本著這種「類
推」的方式，他在讀解〈桃夭〉的「宜其室家」、「宜其家人」
等句時又推翻前人的解說，以為：「詩人之辭豈若是其膚淺哉！
曰『之子于歸，宜其室家』，又曰『宜其家人』，此則形容其男
女以正之義也。如不待父母之命、媒妁之言，則父母國人皆賤
之，非所謂宜也。如〈氓〉詩言男女無別，……此皆非所謂宜
也。《大學》云『宜其家人，而後可以教國人』，則知『宜』之
一字亦不輕矣。先儒說此一篇，只見昏姻以時，而不及男女以

60　《毛詩李黃集解》，卷32，頁608：46a-46b。
61　《毛詩李黃集解》，卷2，頁48：26b。

正之意，予故表而出之。」[62]弔詭的是，黃櫄獨排眾議，推翻前儒訓解，依靠著自己的推求、體會而得出不同的局部解釋，但其所推求出來的總體詩旨、詩意，仍然是《詩序》舊說，並無「新意」可言。這大概是守《序》學者難以避免的困境之一，即使運用了新的觀點與詮釋進路，最終仍為《詩序》之說所籠罩。在無法跳脫《詩序》觀點的情況之下，黃櫄靠著「推求」而追索出來的《詩》意，自然早已存在於《詩序》之中，因此他乾脆直接表明態度與立場，說：「學者當以太史編《詩》之意觀之。」「即序《詩》者之意而深求之於一言一字之間，則詩之意明矣。」[63]至於如何「推求」詩意？從黃櫄的論述中可見出他主要是從「人情」的角度出發，在此心同、此理同的基礎之下，要求讀者從人情相似的情況去類推詩文之意，此即其所謂：「人民、天地、鬼神皆同此心，則同此理，以理求理，夫何遠之有？先王知此理之不遠於人心，人心之所同然，故用之以經夫婦，以無邪之理而正之也。」「三百篇之詩大抵皆近於人情，學者以情求詩，則思過半矣。」「詩人之情不可以言語求，亦當近於人情以推之而已。」「人情之所欲者在此，則詩人之所言亦在此，學者當以意逆之。」[64]

此外，黃櫄又發現，詩人的文學技巧有時會影響到讀者對於詩旨的判斷，因此他提出文在此而意在彼的解《詩》概念，要求讀者必須看穿文辭的帷帳，改用間接的方式掌握詩意。在

---

62 《毛詩李黃集解》，卷2，頁50：31a-31b。

63 分見《毛詩李黃集解》，卷2，頁62：55b；卷32，頁596：22b。

64 引文分見《毛詩李黃集解》，卷1，頁13：23a-23b；卷1，頁33：63b-34：64a；卷3，頁70：12a；卷23，頁447：14b。

他看來，三百篇中有許多文字只是詩人的「設辭」而已，既非「實辭」，則詩中所言當然也就並非實有其事，例如解〈漢廣〉時，他說：「詩人形容江漢之游女無犯禮之思，故設辭以為女子之貞潔，雖求而不可得耳，豈果有是事哉！」又謂〈汝墳〉條枚、條肄之句等「言在此而意在彼」；〈鵲巢〉「維鵲有巢，維鳩居之」二句乃「詩人之辭，未必有是事也，而姑寓其意者，當不以辭害意也」；〈生民〉「寘之隘巷」等傳說，「皆詩人之設辭，而不必實求是事也。……凡此者皆詩人之設辭矣，不以文害辭，不以辭害志，是為得之」；解釋〈泂酌〉時又明確提出此一概念：「觀詩人之辭當察其意之所在，泥於言語之末則失其旨矣。嘗觀於《詩》，先設辭於彼，而後立意於此者，類亦不少。〈泂酌〉之意豈異是哉？」[65]

擁有經典身分的三百篇，其本身屬於文學創作，黃櫄在此看到解讀《詩經》大義時無可避免的困擾，即如何穿透那些美麗詞章背後的詩意？詩人運用繁複的修辭技巧無非是想增添作品之美感，卻難免造成讀者解讀時的障礙與負擔。欣賞詩文的同時，還要能正確掌握詩意，此一任務有其難度，對此，黃櫄有感而發地說：

> 六經之中惟《詩》之講解最為難。何者？《書》也，《禮》也，《易》也，《春秋》也，一言一字必有微意，是以講者有理而聽者不斁。惟《詩》也託物以取況，互辭以成章，有四、五章而不出一意者，有重複其譬而不離一物

---

65 引文分見《毛詩李黃集解》，卷 2，頁 56：42a；卷 2，頁 60：51a-51b；卷 2，頁 65：3b；卷 32，頁 592：14a-593：16a；卷 33，頁 623：16a。

者。若章章句句而求為異說，則失之鑿，而非詩人歌詠
之意；若直而解之，則近於無說，而不足以發明詩人之
工。[66]

在此，黃櫄已經注意到五經之中《詩經》的特殊性，和其他儒
經相較，《詩經》的文學性質特別突出，既然如此，其審美的要
求自然與占卜、禮儀、歷史、朝廷檔案等文本不同。然而黃櫄
並沒有進一步深入到「語言」本身去探索相關問題，在他看來，
若能釐清三百篇這些運用修辭技巧的篇章，知道詩人言在此而
意在彼的用心後，就能順利地解決「文字」與「意義」之間的
困擾，進而從「文字」去追索其所要表達的「意義」。然而文字
（語言）並不是一種透明的媒介，它本身就是一種需要被譯介、
解釋的工具。從符號的角度來說，語言與現實外物之間並不存
在著一一對應關係，語言意義產生於自身系統內部各構成要素
之間的區別與差異，而語言的修辭性本質決定了語言構成物只
能作為展示現實的一種寓言來解讀，修辭性也使得語言與現實
或作者的體驗之間不存在著準確的一致性，多元與歧意的出現
是必然的。更何況文學的語言和一般的語言又有所不同，尤其
是詩的語言，其真理性主要是一種態度的可接受性，發表真實
的陳述不是詩人的任務。[67]從中國語文本身的特質來說也是如

66 《毛詩李黃集解》，卷 32，頁 606：43a。
67 如同法國的保羅・利科爾（Paul Ricoeur,1913-2005）所言，「詩歌並不教給
人們任何關於現實的東西。只有科學的陳述才有經驗上可證實的意義，而
詩歌是不可證實的」。朱立元編：《二十世紀西方美學經典文本》（上海：
復旦大學出版社，2001 年 1 月），第 3 卷，頁 649。保羅・德曼（Paul de
Man,1919-1983）在〈尼采與修辭學〉一文中引用了尼采的如下言論：「一
種被稱為『修辭』的東西，作為一種有意識的藝術手段，它在語言與其發

此，中國的傳統語文是一種「事件性」的語言，而非「實在性」和「本質性」的語言。與西方古代及現代的思想家不同，早期中國的思想家們並不著力於探討事物的本質。與之相反，他們似乎已經確定，唯一永恆的就是變化本身。所以傳統訓詁學家釋義的方式，其呈現的方式並不是通過開掘每一個字的內涵來詮釋其義，而是隨意地展示該字本身的各種聯繫。[68]《詩經》作為傳統語文的一種文本，又具有濃厚的文學性質，因此它本身就不是透明的，而是模糊多義的，自然在闡釋與接受的過程中會有多義的現象發生。

對於黃櫄來說，他也承認語言文字帶有不透明的性質，不過這種不透明只是短暫的、一時的，雖然有言不盡意的困擾跟隨著讀者，但讀者若能透過涵詠、詳味的方式，則自能跨越這一道鴻溝，進而理解詩人之意，求得詩旨，甚至連作詩的方法也可因而獲悉。如其論〈芣苢〉云：「嘗涵詠〈芣苢〉一詩，見其章句簡短，不待形容譬喻之辭，而但見其樂采芣苢而已。」解〈采蘩〉：「詠味此詩，見夫人動靜周旋，無不中禮，非盛德之至，安能及此哉！」說〈采蘋〉：「竊嘗詠味此詩，見大

展過程中卻是以一種無意識的藝術手法而出現的。我們甚至可以說，修辭學是在理性之光的照耀下，存在於語言之中的諸手法的延伸。所謂可以用於指涉作用的、非修辭的『自然』的語言，是根本不存在的；語言本身就是純粹的修辭詭計與手法的結果。……語言就是修辭，因為，它的意圖只是傳達一種觀點，而不是一個真理。」所言具有相同之意涵。詳董希文：《文學文本理論研究》（北京：社會科學文獻出版社，2006 年 3 月），頁 117-118。

68 關於中國語文的特質闡說，詳〔美〕安樂哲（Roger T.Ames）、羅思文（H.Rosemont,Jr.）著，余瑾譯：《論語的哲學詮釋》（北京：中國社會科學，2003 年 3 月），頁 21-30。

夫妻動循法度，不可紊亂，采蘋於澗濱，采藻於行潦，盛之以
筐筥，煮之以錡釜，奠之於宗廟之明處，主之以齊敬之誠心。」
論〈殷其靁〉「詳味此詩，乃是興也，非比也。夫行者遇雨則思
居者之安，居者遇雨則思行者之勞，此人情之所同然也。」釋
〈齊風‧甫田〉：「詳味此詩，如孟子告齊王之意。」評〈大
雅‧大明〉：「詳味此詩，自武而言王季，以見周家積累之久。
言王季而及大任，言文王而及大姒，以見文王之所以為聖人者，
以王季為之父，以大任為之母也。武王之所以為聖人者，以文
王為之父，大姒為之母也。」析〈烝民〉：「責人之辭嚴，頌
人之辭侈，今尹吉甫之美山甫也，未言山甫之為賢為能，而乃
先言烝民之有物有則，學者於此，尤當深致思也。詳味此數句，
其意深，其旨微。愚於此非特知山甫之賢，亦知吉甫之不可及
也。」[69]

　　將以上論述與下面諸語合參，我們就可以獲悉黃櫄理解詩
義的方法，包括其論〈魏風‧十畝之間〉云：「此詩之意但言其
國之侵削耳，非謂其果止十畝。不然，則周餘黎民，靡有孑遺，
是果無遺民矣。學者當於言外之意求之。」說〈小雅‧吉日〉：
「作詩者述其一時之事，而作《序》者原其平日之所為。予以
為此〈序〉如〈天保〉之〈序〉；〈天保〉，下報上之詩也，而曰
君能下下以成其政；〈吉日〉，群臣從宣王田獵之詩也，而曰謹
微接下者；學者當於言外之意求之。」說〈周頌‧酌〉：「此詩
未嘗有『酌』字，而詩以『酌』名篇，故《序》者以為酌先祖

69 《毛詩李黃集解》，卷 2，頁 54：38b-39a；卷 3，頁 68：8a-8b；72：17a；
　　81：35a-35b；卷 11，頁 234：25a；卷 30，頁 556：23b-557：24a；卷 35，
　　頁 673：19a。

之道，以養天下，可謂得於言意之外矣。」「成王奏武王之樂，
而《序》者以為酌先祖之道，其旨亦微矣，學者當以意悟之。」
[70]

　　由上舉諸例可以見出，當黃櫄以「言外之意」來說明詩意
時，其配合措施有二，一是運用涵詠、詳味的方式來解決問題，
直探聖人深意。二是，自覺地區分出作詩者與序《詩》者二種
可以互補的身分。涵詠、玩味的解《詩》方式在北宋似少有人
明確提出，在南宋則相當流行，[71]黃櫄是較早在讀《詩》方法上
並用「涵詠」與「詳味」者，[72]在《詩經》詮釋史上，這應該具
有某種程度的意義。[73]更重要的是，對黃櫄來說，創作與理解、

---

70 《毛詩李黃集解》，卷 12，頁 248：15a-15b；卷 22，頁 426：5b-427：6a；
　　卷 39，頁 768：34b-35b。

71 在宋儒筆下，「涵詠」有時又寫作「涵泳」，這個寫法與宋代理學家常用的
　　另一名詞「浹洽」有異曲同工之妙。「浹洽」之語源自程頤（1033-1107），
　　指吾人在閱讀經典時要將整個生命精神都浸染貫通在其中，使吾人完全與
　　經典中的道理相融為一體，不過，程頤所說的「習，重習也。時復思繹，
　　浹洽於中，則說也」，原是用以解釋《論語・學而》的「學而時習之，不
　　亦說乎」之句，見程頤：《河南程氏經說》，收於程顥、程頤著，王孝魚點
　　校：《二程集》（北京：中華書局，1981 年 7 月），第 4 冊，卷 6，頁 1133。
　　案：到了南宋，朱熹、呂祖謙、嚴粲大量標舉涵詠、玩味讀《詩》法的重
　　要。有關南宋諸儒論及涵詠、玩味讀《詩》法者，詳拙文：〈輔廣《詩童
　　子問》與楊簡《慈湖詩傳》之比較研究——以解經方法、態度與風格為核
　　心的考察〉，《文與哲》19 期（2011 年 11 月），頁 235-236。

72 案：李樗為北宋、南宋間人，其《毛詩詳解》引述之前儒注解限於北宋之
　　前；黃櫄為南宋人，其引述之前人注解除了李樗之外，其餘也都限於北宋
　　之前。由於黃櫄與朱熹年代重疊，此處不能假設黃櫄完全沒接觸到朱熹的
　　著作，故僅能說「黃櫄是較早在讀《詩》方法上並用『涵詠』與『詳味』
　　者」。

73 「涵詠」之語（包括「涵泳」、「涵咏」）不見於李樗的《毛詩詳解》，「詳
　　味」一詞，李氏則有所言及，如其論〈大車〉云：「觀〈大車〉之詩，深
　　得夫子無訟之意，學者不可不詳味也。」評〈無羊〉：「詳味此詩，有似
　　牛羊之畫圖，古人所謂詩中有畫者，請以〈無羊〉觀之，杜子美而下，特

批評的角度可以有差異，但並不表示彼此必然是矛盾、枘鑿而不可調和的，當讀者能體會到此一層面的差異，則自然能夠接受那些詩文本身並未述及，《序》文卻明確點出的事件，這一切都是因為序《詩》者掌握了詩文背後的深意、微意、言外之意。黃櫄透過自己的經驗來告訴讀者，當理解這些言外之意後，可以收到嗟嘆永歌、手舞足蹈、一唱而三歎之妙。[74]

　　如同李樗，黃櫄也強調「以意逆志」的必要性、對於「要求讀者『推』求詩意」、「以為詩文表面不言某意，但其意自見」、「追求詩意『深』的傾向」、「不可拘泥於詩文表面之意」等也都有所致意，但是他有一個概念為李樗所無，即特別注重讀者解經時求之於「心」，以己心來審斷詩文大意：

> 事固有可得而知者，有不可得而知者。可得而知者，吾求之於古；不可得而知者，吾求之於心。蓋信人而不信己，終身無定論，而事之二三其傳者，當以吾心為主也。[75]

其小者矣。」〈維清〉：「詩人之言，非不明甚，但學者不詳味之。〈生民〉之詩曰后稷肇祀，乃是歸功於后稷，言祭天之禮，所以行於今者，自后稷之致也。此詩言肇禋，亦是歸功於文王，言祭天之禮所以用於後世者，乃自文王所致也，詩人之言，學者自亂之耳。」《毛詩李黃集解》，卷 9，頁 197：16b；卷 23，頁 446：13b；卷 37，頁 712：13b-713：14a。案：其中論〈無羊〉數句出現在「李曰」與「黃曰」中間的「論曰」，依體例觀之，應為李樗之言，不過，此數句非關詩義的理解。

74 黃櫄：「竊嘗誦詩而忽有悟於言外之意，且不覺其嗟嘆永歌、手舞足蹈，況作詩者乎？」「竊嘗三復此詩（〈芣苢〉），……言有盡而意無窮，真一唱而三歎歟！故序《詩》者不曰美后妃，不曰后妃之化，而曰后妃之美，是亦形容不盡之意。」《毛詩李黃集解》，卷 1，頁 9：15b；卷 2，頁 54：39a。

75 《毛詩李黃集解》，卷 1，頁 4：4a。

在解經的過程中若發現不合己心的見解時，則必須發揮論辯的
精神，細審詩文，「質諸吾心而不合，求於詩人之意而未安，則
不得不為之辨」，[76]黃櫄這種解經「求諸吾心」的大膽、自信方
式，尤其表現在對《詩經》與《春秋》發生齟齬矛盾時，他選
擇相信言「往志」的《詩經》（主要是指《詩序》詮釋下的《詩
經》）而拋棄言「往事」的《春秋》。[77]如論說〈魯頌・閟宮〉時，
諸家多半懷疑《詩序》之說，因為歷史上的魯僖公並非一位值
得百姓稱頌的有德之君，但黃櫄以為：「不以《詩》論《詩》，
而以《春秋》論《詩》，是以其心不能自安也。夫《詩》者，所
以曲盡人情而已，故《春秋》多責備之辭，而詩人有祈望之意，
事之未然者，皆人情愛之而顧其如是也。不明乎人之情而與之
言《詩》，必有泥而不通者矣。」又如解〈大雅・抑〉云：「信
史傳而解聖經，吾不知其可，然則如之何？曰：盍亦論武公愛
君責己之意而他未暇焉可也。」[78]由此可見黃櫄的自信與堅持。

「求諸吾心」大概接近詮釋學所謂的「共通感」（拉丁語
Sensus communis）概念，這種普遍的共通感與人的共同性之生
活經驗分不開，[79]所以其所達到的普遍性是具體的，而不是抽象

---

76 《毛詩李黃集解》，卷 1，頁 33：62a。

77 慎子：「《詩》，往志也。《書》，往誥也。《春秋》，往事也。」〔周〕慎到：
《慎子》（上海：商務印書館，1937 年 6 月，《叢書集成初編》據《粵雅堂
叢書》本排印），頁 14。

78 《毛詩李黃集解》，卷 41，頁 798：20a-20b；卷 34，頁 645：10a-10b。

79 黃文宏在言及關於「共通感覺」的一般意義時，引述日人中村雄二郎之語，
謂：「當我們談到『common sense』（コモン・センス）的時候，它往往包
括著兩個意義。首先，它表示一種社會性的『常識』。也就是說，它是內
在於一個社會當中的成員所共同擁有的適當的『判斷力』或『感覺』（セ
ンス）。這種意義下的『共通感覺』或『常識』，其基礎在於我們共同的日
常經驗。」〈論日本現代哲學中的「感性論」傾向——以中村雄二郎的共
通感覺為例〉，《臺大文史哲學報》第 75 期（2011 年 11 月），頁 221。

的，當然這樣的共同感受必須透過「判斷力」才能實踐。[80]問題是，當讀者以「己心」作為判斷詩文意旨的標準時，黃櫄並沒有考慮到人心固然有相同的地方，肯定也會有相異之處。如何確保每一位讀者閱讀之後所領會的心得、意涵皆相同？按照黃櫄的理論邏輯仍是要求讀者不斷地詠味，且在詠味之餘，還必須緊扣《詩序》之說，以此作為解讀詩文的終極依據。亦即，黃櫄使用自己的方法來研習三百篇，用心與取證雖多，最終仍然斷之以《詩序》，顯見其在繞了一大圈之後，仍無法（或不擬）掙脫《詩序》的桎梏。事實上，《詩序》是漢儒解《詩》的重要成果，在《詩經》詮釋史上意義重大，但並不代表每一〈序〉說皆無瑕疵，北宋歐陽修等人有見及此，才使其解《詩》之作著作出現了進步的一面，而從黃櫄身上，我們看到了部分南宋篤守《詩序》者所出現的某種弔詭現象：他們是最為尊重傳統解釋的儒生，卻也是最堅決、自信的學者；看似保守、謹慎，實際上卻又顯得主觀、錮蔽；唯《序》是從，而忽略了經典文本自身其實具有開放性的結構。[81]

---

80 義大利的維柯（Giovanni Battista Vico,1668-1744）認為，意見的「真」由共通感來把握，而共通感與實踐智慧分不開，精神科學就建立在由這種共同生活所造就的共通感的基礎上。德國的加達默爾（Hans-Georg Gadamer,1900-2002）引用維柯此說，謂：「共通感」即共同的概念，「這種共通感不是靠真實的東西，而是由或然的東西裡培育起來的。……共通感在這裡顯然不僅是指那種存在於一切人之中的普遍能力，而且它同時是指那種指導共同性的感覺。」又引中世紀經院哲學的哲學家兼神學家托馬斯（St. Thomas Aquinas,約 1225-1274）云：「共通感是外在感覺的共同根源，或者說，是聯結這些外在感覺，並對給予的東西進行判斷的能力，一種人皆有之的能耐。」詳加達默爾著，洪漢鼎譯：《真理與方法》（上海：上海譯文出版社，2004 年 7 月），上卷，頁 23-39。

81 經典寫出了人類共通的「人性心理結構」，它們並非特定時代、人士所有，

第五節　結　語

　　李樗的《毛詩詳解》與黃櫄的《詩解》原本各自成書，前者採集解體式，後者可說是「論說」與「集解」的綜合體。可是，兩書整合為《毛詩李黃集解》之後，在編纂體例、內容陳述與訓解字詞等方面，無不出現特異的風貌。編纂者從第一卷開始，都是先用「李曰」兩字引出李樗的論述，後用「黃曰」以為區隔，其中亦有所謂「論曰」者，此一「論曰」屬李樗所有。部分詩篇甚至只列李樗之說，最末用「黃講同」三字來表示黃氏的意見與之相同。另有「黃講闕」之標示，意指黃櫄的解詩意見已佚，甚至還有既未標示「黃講同」，也無「黃講闕」，後亦無列「黃曰」字樣者，黃氏之說在詩文之後完全無法見著，

正好相反，經典受到不同時代、不同民族的讀者的喜愛，只有作者、讀者與文本之間取得平等的權力，才能引出對文本的新的、不同的理解。E.希爾斯（Edward Shils,1911-1995）強調經文與詮釋的關係云：「聖典本身也是傳統。這種『傳統』就是對經文積累起來的理解；沒有詮釋，經文將只是一種物件。經文的神聖性使其與眾不同，但若沒有詮釋，經文便毫無意義。」現代人普遍有這樣的意見：經典具有豐富的蘊藉性和原創性、高度的審美價值、時空的跨越性，以及無限的可複讀性，雖然有時難免被後人作出過度的詮釋，但只要能夠做到在特定的詮釋語境中，在「作品意圖」的適度制約下，有理、有據、有節地加以詮釋，就可以減少不當解釋的發生。詳〔美〕E.希爾斯（Edward Shils）著，傅鏗、呂樂譯：《論傳統》（上海：上海人民出版社，1991 年 3 月），頁 22；王晴佳、古偉瀛：《後現代與歷史學》（臺北：巨流圖書公司，2000 年 4 月），頁 123；姜智芹：〈經典詮釋的無限可能性與限定性〉，《雲南社會科學》2007 年第 3 期，頁 128-131。案：我們當然不能以現代的閱讀理論強加在古人身上，不過，《毛詩李黃集解》對於北宋儒者之新說並不陌生，特別是，歐陽修《詩本義》與蘇轍《詩集傳》各被引述約二百餘處，既已知道前輩學者對於重新詮釋三百篇的努力，是有理由稍微放寬視野的。

集錄者也未交代原因，合編本此一體例上之現象，讓黃櫄成為《毛詩李黃集解》中的搭配角色。然而，黃櫄依其研究所得而糾正李樗之說者超過二十處，在解《詩》的方法論中，又有比李樗更為周詳、細膩的表現，從此一角度觀之，黃櫄在《李黃集解》中亦自有其貢獻，重要性可與李樗等量齊觀。

李、黃二人在解《詩》方法上同中有異，強調以意逆志、要求讀者推求詩意等，都是兩人的共識，且都以追求「言外之意」為解《詩》的首要目標。在李樗看來，讀者必須以其「意」來「逆」作者之「志」，而且主要是要逆知聖人之志。不過，李樗以為不能僅憑己意說詩，相關文獻務必詳加熟讀、參引，觸類旁通，這樣才能進一步掌握詩人之情志，進而理解三百篇的意旨。

黃櫄特別強調的是，讀者要以「推本」、「原本」的態度來詮釋詩意，其方法為從人情相似的情況去「類推」詩文之意，他自己在文句訓詁方面，就經常依靠此一方法而得出新的解釋，只是，其所推求出來的總體詩旨仍然是《詩序》舊說，並無明顯的「新意」可言，這當然是受到其前理解（pre-understanding）所引導之故。此外，黃櫄也注意到詩的文學技巧，他要求讀者的不是盡情欣賞《詩》的美學表現，而是提醒大家，要能穿透文辭的帷帳，採用間接的方式掌握詩意。

李樗與黃櫄同樣重視詩的「言外之意」之理解，李樗提到「詳味」之詞，黃櫄則是不僅運用涵詠、詳味的方式來處理此一問題，也區分出「作詩者」與「序《詩》者」二種可以互補的身分，甚且提出解經「求諸吾心」的訴求，而且依照其理論，以「己心」思索詩文意旨，輔以詳細的品味，最後的依歸仍然

是《詩序》，這就證明北宋新派《詩經》學家的影響力，在南宋早期仍然不能過度高估，事實上，必須等到新版《詩集傳》完成，且透過朱門子弟大力宣揚之後，南宋新派《詩經》學才逐漸顯現出其實力。[82]

---

82 楊晉龍引述陳鴻森之意見，以為朱子在呂祖謙死後，不斷批評《呂氏家塾讀詩記》，除顯示朱子心胸不夠寬廣之外，也顯示《詩集傳》並未受到多數學者的認同而流行，如果當時《讀詩記》不受重視，《詩集傳》已經大行，則朱子就不可能如此大力批評呂祖謙的《詩經》學觀點。楊氏並謂：「朱子之學大約要到宋理宗（趙昀，1205-1264）以後纔受重視，元代始大行，至明代達到巔峰。」其說可參。詳楊晉龍：〈朱熹《詩序辨說》述義〉，《中國文哲研究集刊》第 12 期（1998 年 3 月），頁 302。

第四章 析論《毛詩李黃集解》對北宋《詩》解的取捨現象

——以李樗為主的考察

第一節 前 言

　　《詩經》是中國最早的一部詩歌總集，漢代被列為儒家經典，在此之前，並無研究《詩經》的專門著作，只有孔子的《詩》論，以及孟子對於讀《詩》態度、方法的點撥，對後世產生較為深遠的影響。[1]兩漢長期為三家《詩》設立博士之官，古文《毛

---

1 詳拙文:〈理解、運用與解釋:析論孔孟荀在《詩經》學史上的貢獻與意義〉，《東吳中文學報》第 25 期 (2013 年 5 月)，頁 4-14。案:完成於戰國時代，難以確定作者身分的《孔子詩論》，在說《詩》的方法與理論上有了創新的表現，但非屬三百篇的解讀之作，且是書常埋地下，對後世之影響，不容易具體而言。根據陳桐生的推論，漢代《詩》學有兩大來源，一是以孟子為代表的北方《詩》學，另一是以《孔子詩論》為代表的南方《詩》學。《孔子詩論》在漢代或有傳本，其對漢代四家《詩》有不同程度的影響，從對具體作品的解說到詩歌性質，從《魯詩》的「四始說」到《毛詩序》，從說《詩》方法到理論模式，漢代《詩》學都滲透了《孔子詩論》的理論營養。此說雖未必全然精當，但論述可謂周至，故備之以參。詳陳桐生:《孔子詩論研究》(北京:中華書局，2004 年 12 月)，頁 210-256。

詩》雖僅在平帝時一度置博士，[2]但卻具備與今文三家抗衡的實力，其中的《詩序》之解與今文家頗有出入，但以詩說教的調性無異，而《毛傳》則以「簡而精」、「精而奧」的特色為後人所稱述，[3]至於東漢的鄭玄（127-200）箋《詩》，能注意考核文物制度，對理解詩句多所裨益，其中有與毛立異者，論者或謂其非有意為之，乃依《詩序》為說，但因研之過深，思之過當，致有求合而反離、求密而反疏之現象，[4]或謂其受《詩》教影響很深，穿鑿附會之說在所難免，在文字訓詁方面，較之《毛傳》，則是互有得失。[5]

　　魏晉南北朝的詩人與學者確認了《詩經》乃是詩歌創作的最古老源頭，其表現手法、修辭技巧值得認真學習與借鑒，也體會到了《詩經》與政治、時代的關係，並致力於論析三百篇中的「志」與「情」，[6]但是，這些都只是基本的詩學觀念，言及《詩經》的研究成果，若非是具有時代特色的義疏之體，就是毛氏派、鄭學派、王肅（195-258）派的天下。[7]至唐代孔穎達

2　《漢書・儒林傳》：「……平帝時，又立《左氏春秋》、《毛詩》、逸《禮》、古文《尚書》，所以罔羅遺失，兼而存之，是在其中矣。」〔漢〕班固著，〔唐〕顏師古注：《漢書》（北京：中華書局，1964 年 11 月），第 11 冊，卷 88，頁 3621。

3　引文為清儒陳澧（1810-1882）語，詳《東塾讀書記》（北京：三聯書店，1998 年 6 月），頁 105。

4　黃焯：《毛詩鄭箋平議》（上海：上海古籍出版社，1985 年 6 月），卷前，〈序〉，頁 5。

5　洪湛侯：〈歷代《詩經》研究〉，《詩經論文集》（臺北：藝文印書館，2008 年 5 月），頁 5。

6　詳張啟成：《詩經研究史論稿》（貴陽：貴州人民出版社，2003 年 2 月），頁 118-145。

7　李師威熊以為，三國兩晉《詩經》學「大概可分毛氏派、王肅派、鄭學派三支」，南朝劉瓛的《毛詩序義疏》、《毛詩篇次義》、張譏的《毛詩義》屬

（574-648）作《毛詩正義》，調和毛、鄭兩家之說，持論歸於一致。《毛詩正義》是唐初官修的《五經正義》之一，自唐代至宋初，明經取士，皆以此書為準。

唐王朝土崩瓦解之後，形成五代十國南北割據的格局。西元 960 年，宋王朝重建大一統的政權，重振傳統倫理成為強化皇權思想統治的實現方式。由唐入宋，社會關係進行了新的調整，朝廷向庶族開放政權，促使他們積極參與國家事務，如范仲淹（989-1052）、歐陽修（1007-1072）、王安石（1021-1086），都出身貧窮微末之家，一旦為官，便勤於政事，使社會出現新的政治取向。[8]

明顯可見的是，中國的經學研究自漢至唐，都與政治具有依存的關係，兩者的結合相當密切，[9]這樣的經學研究傳統，在兩宋當然也是具體存在的。若以《詩經》學而言，根據戴維（1965-2011）的觀察，北宋前期的《詩經》研究，呈明暗兩條線路發展。明線是尊用唐以來的《毛詩正義》，定於功令者，胡旦、孔維、楊安國、孫奭（962-1033）等人的相關著作皆是。暗

於義疏之學的著作，周續之的《毛詩注》、梁簡文帝的《毛詩十五國風義》、何胤的《毛詩隱義》、崔靈恩的《集注毛詩》等，屬於因襲兩漢經學風氣者。論及北朝義疏之學，舉沈重（500-583）《毛詩義疏》為例，以為此書特別精於音律，又謂北朝許多經學家走的是兩漢箋注的路線，其例證中有劉芳的《毛詩箋音義證》。詳李師威熊：《中國經學發展史論》（臺北：文史哲出版社，1988 年 12 月），上冊，頁 210-212、220-222、226-229、232-233。相關論述另可參林葉連：《中國歷代詩經學》（臺北：臺灣學生書局，1993 年 3 月），頁 159-166、178-182。

8 吳雁南、秦學頎、李禹階主編：《中國經學史》（福建：人民出版社 2001 年 9 月），頁 269-270。

9 詳拙文：〈詩經詮釋的流變〉，收於拙著：《嚴粲詩緝新探》（臺北：文史哲出版社，2008 年 2 月），頁 221-222。

線則是在講學及著述中略增新意，異於先儒，其側重點是辨別王、鄭，一變《正義》混同毛鄭觀點，開宋學之先河，其可考人物有周堯卿（994-1045）等。另有一些人雖有《詩經》學著述，然今已無法判斷其《詩》說之指歸。[10]且不論明線或暗線，上述諸人都不能稱之為北宋說《詩》名家，自當可以肯定，蓋即使「辨別王、鄭，一變《正義》混同毛鄭觀點，開宋學之先河」，也仍然不具備後世所謂宋學之精神。[11]事實上，北宋初期的經學發展依舊延續漢唐以來的解釋方式與觀點，既然孔穎達《五經正義》成為官方教育與取士的標準，則北宋前期的群經研究必然與傳統的解經風尚無異，要到仁宗慶曆（1041-1048）年間才出現學術取向轉移的現象，更需至神宗熙寧（1068-1077）、元豐（1078-1085）之後，學術界才在反思漢、唐舊說的風氣下，較大幅度地針對經典的傳統解釋進行批判的工作。其時張載（1020-1078）、二程（程顥〔1032-1085〕、程頤〔1033-1107〕）、王安石、司馬光（1019-1086）、蘇軾（1036-1101）……等，都試著從「議論解經」的方式，闡發自己對於經典、治國的看法。在《詩經》學方面，對傳統之說提出質疑並且進行修正的著作自此陸續出現，其中有系統地檢討《詩經》傳統觀點的重要著

---

10 戴維：《詩經研究史》（長沙：湖南教育出版社，2001年9月），頁268-269。案：戴維以為北宋前期對《詩經》有深刻的研究或有著述，而其《詩》說指歸不明的有下列諸人：王昭素、梅堯臣、宋咸、茅知至。

11 馬宗霍（1897-1976）：「宋初經學，大都遵唐人之舊，九經注疏既鏤版國學著為功令矣。即重定《孝經》、《論語》、《爾雅》三《疏》，亦確守唐人《正義》之法。……又宋代官學增於前代也，惟是因襲雷同，既不出唐人《正義》之範，則宋初經學，猶是唐學，不可謂之宋學。訖乎慶曆之間，諸儒漸思立異。」馬宗霍：《中國經學史》（臺北：臺灣商務印書館，1966年9月），頁109-110。

作者，首推歐陽修《詩本義》。其次，王安石的《三經新義》依靠政治力量，「獨行於世者六十年」，[12]成為北宋中晚期最具影響力的經學著作。在《三經新義》頒佈為科舉考試教材的前後，蘇轍（1038-1112）開始撰寫《詩集傳》，其書最引人注目的是盡廢「後序」，僅存「首序」一句，以此展開對《詩經》的解釋，這是對古訓基礎的一種撼動。[13]

　　進入南宋之後，研《詩》之士對於北宋諸儒的解經意見必須有所承接與批判，如何檢知南宋早期學者對上述著名北宋新派解《詩》學者的詮釋？本文擬以李樗（約生於政和元年〔1111〕之前，卒於紹興二十五年〔1155〕）、黃櫄（生卒年不詳，孝宗淳熙年間〔1174-1189〕受進士銜，寧宗嘉泰二年〔1202〕尚在世）之《毛詩李黃集解》為觀察對象，一方面用以說明歐陽氏、王氏、程氏、蘇氏……等人的《詩》學對南宋初年學者的影響，另一方面則借《毛詩李黃集解》觀察南宋早期學者對北宋新派解《詩》學者的接受程度。[14]本文以「接受程度」為考察基點，

---

12 引文見〔宋〕晁公武：《郡齋讀書志》（臺北：臺灣商務印書館，1978 年 8 月），第 1 冊，卷 1 上，頁 37。

13 案：唐朝成伯璵（生卒年不詳，《全唐文》謂其為開元〔713-741〕時人）認為《詩序》原本僅有一句，《四庫提要》謂唐成伯璵所撰《毛詩指說》：「定《詩序》首句為子夏所傳，其下為毛萇所續，實伯璵此書發其端，則決別疑似，於說《詩》亦深有功矣。」《四庫全書總目》（臺北：藝文印書館，1974 年 10 月），第 1 冊，卷 15，頁 335：11a。不過，成伯璵僅有理論，與蘇轍撰寫《詩經》讀本，盡棄「後序」，意義與影響大不相同。

14 本文論述《毛詩李黃集解》，以影印《文淵閣四庫全書》本為主，再以《通志堂經解》本合參。有關兩種版本的選擇問題，詳拙文：〈《毛詩李黃集解》析論——以書寫體例與解釋方法為考察中心〉，《臺大中文學報》第 42 期（2013 年 10 月），頁 120（案：已收入本書）。又，為了方便論述，本文泛論李樗、黃櫄徵引北宋儒者之說時，「北宋儒者」四字可以包含時代橫跨兩宋之儒者，但在解釋意義時，所考察的北宋儒者，其時代從嚴界定。

意在指出從讀者的角度出發，李樗與黃櫄都是獨立的個體，當其面對三百篇時，不僅有漢唐舊說可以參稽，更可以直接吸收北宋諸家的解《詩》成果，為《詩經》做出屬於自己的詮釋。新一代的解經學者，勢必認為己說乃就舊說取長補短而來，雖然長短云云充滿了主觀意必之見，但根據其依違程度與詮解內容，北宋新派《詩經》學者在南宋初年的影響力仍可得知大略，並可由此補充《詩經》學史對此一問題之論述。為了具體呈現相關問題與現象，本文將由基本的統計方式入手，藉由《毛詩李黃集解》兩位作者所引用的北宋學者說《詩》之次數，來說明北宋學者在《毛詩李黃集解》中擁有的高低接受實況，並進一步分析李樗贊同或反對前輩學者之解釋的理由，以及其中所蘊含的意義（在意義的賦予上，可以略過黃櫄，理由詳後）。

第二節　《毛詩李黃集解》引述北宋學者《詩》解的實況

李樗是林之奇（字少穎，一字拙齋，1112-1176）的表兄，字迂仲，福建閩縣人（今福州、閩侯一帶），世稱三山先生、迂齋先生。[15]李樗出生於北宋晚期，其完成於南宋時代的解《詩》

---

15 《宋元學案》：「李樗，字迂仲，侯官人，自號迂齋，與兄楠俱有盛名，並以鄉貢不第早卒。臨終謂林少穎曰：『空走一遭！』勉齋嘗稱之曰：『吾鄉之士，以文辭行義為學者宗師，若李若林，其傑然者也。』所著有《毛詩解》，博引諸說，而以己意斷之。學者亦稱為三山先生（馮雲濠案語：《閩書》言先生有《毛詩註解》，學者稱迂齋先生）。」〈紫薇學案・鄉

之作原名為《毛詩詳解》，取各家注釋於書中，加以簡略評判，亦頗出以己意。[16]黃櫄，字實夫，福建龍溪人，《宋元學案》記載其為「漳州人，櫄仲之弟。淳熙中舍選，入對大廷，獻十論，升進士丙科，調南劍州教授。三山講學之侶，二李與林其眉目，而先生亦翹楚也。迂仲解《毛詩》，先生足之」。[17]黃櫄之書原名《詩解》，後人將其與李樗之作合一，先列李樗的解《詩》內容，以「李曰」作為開頭，黃櫄的意見則排列於後，以「黃曰」起頭。由於黃氏解《詩》慣於大量引述李樗之語，且合編本常出現「黃講同」這樣的設計，若非黃櫄在解《詩》的方法論中，有比李樗更為周詳、細膩的表現，否則其在《毛詩詳解》中扮演的就僅能是追隨者的角色了。[18]

貢李迂齋先生樗〉，〔清〕黃宗羲原著，〔清〕全祖望補修，陳金生、梁運華點校：《宋元學案》（北京：中華書局，1986 年 12 月），第 2 冊，卷 36，頁 1247。案：關於李樗的字號，文獻所載不一，《經義考》引明末何喬遠（1558-1631）《閩書》，以及《福建通志》、《四庫全書總目提要》皆謂李樗「字若林」，然此一記載實不可信，詳拙文：〈尊《序》？反《序》？——析論《毛詩李黃集解》的解《詩》立場〉，《臺大文史哲學報》第 76 期（2012 年 5 月），頁 4-5。（案：此文已收入本書）此外，《宋元學案》稱林之奇「門常數百人，學者稱為三山先生」（《宋元學案》，第 2 冊，卷 36，頁 1247），此則謂李樗「學者亦稱為三山先生」，可能因此而讓馮雲濠特別引《閩書》云學者稱李樗為迂齋先生。

16 陳振孫（約 1183-1262）《直齋書錄解題》稱此書：「三十六卷，長樂李樗迂仲撰。博取諸家說，訓釋名物文意，末用己意為論以斷之。」黃震（1213-1280）：「……本朝伊川與歐、蘇諸公又為發其理趣，《詩》益煥然矣。南渡後，李迂仲集諸家，為之辯而去取之。」分見〔宋〕陳振孫：《直齋書錄解題》（臺北：廣文書局，1979 年 5 月），上冊，頁 15，總頁 99-100；〔宋〕黃震：《黃氏日抄》，影印《文淵閣四庫全書》（臺北：臺灣商務印書館，1983 年 8 月-1986 年 3 月），第 707 冊，卷 4，頁 27：1a。

17 〈紫薇學案·宣教黃先生〉，《宋元學案》，第 2 冊，卷 36，頁 1249。

18 《四庫提要》：「《書錄解題》稱其（案：指李樗）書博取諸家，訓釋名物文義，末用己意為論斷。今觀櫄解，體例亦同。似乎相繼而作，而稍稍補

　　《毛詩李黃集解》大量引述北宋諸儒之釋義，但由於黃櫄在解《詩》之初即設定以李樗之意見為主要之疏解對象，因此在所取諸家的數量上面，黃氏所引的遠不如李樗之多，這是合理的現象。此外，雖然李樗不時徵引北宋儒者意見，但在解說三百篇時亦未必篇篇都會將前儒意見納入說解內容之中，根據筆者的統計，全《詩》305 篇中，〈國風〉有 15 篇，〈小雅〉有 9 篇，〈大雅〉有 2 篇，三〈頌〉有 7 篇，李樗直接僅論述詩義，並未徵引前儒之解，以上合計為 33 篇。[19]不僅這 33 篇的解釋宗旨在於直陳己見，而且，其餘諸篇，李氏徵引眾說的目的未必皆在「以示廣聞」，支持、批判兼而有之，由此可見其體式並不完全符合典型集解著作之條件，[20]但其書本以《毛詩詳解》為名，故其撰作意圖實與一般集解性質之文本略有差異。

　　在「有所徵引」的 272 篇中，李樗所引述的北宋新派學者

　　苴其罅漏，不相攻擊，亦不相附合。」《四庫全書總目》，第 1 冊，卷 15，頁 337：15b-16a。案：提要性的評介當然失之過簡，有關李樗與黃櫄各自的解《詩》特質與貢獻，可參拙文：〈《毛詩李黃集解》析論——以書寫體例與解釋方法為考察中心〉，《臺大中文學報》42 期（2013 年 10 月），頁 133-147。

19 關於李樗並未徵引北宋諸儒之詩篇篇目與數量，參見本文「附表二」：「李樗有文無引篇目表」。

20 集解型著作旨在薈萃眾說，何晏（約 195-249）《論語集解·敘》：「……所見不同，互有得失。今集諸家之善說，記其姓名，有不安者，頗為改易，名曰《論語集解》。」皇侃（488-545）：「此平叔用意也。叔言多注解家，互有得失而已，今集取錄善者之姓名，著於《集注》中也。若先儒舊注，非何意所安者，則何偏為改易，下己意也。頗猶偏也。既集用諸注以解此書，故名為《論語集解》也。」皇侃又在〈論語義疏敘〉中列出其所採取諸家之名，並云：「又別有通儒解釋，於何集無好者，亦引取為說，以示廣聞也」。分見〔南朝·梁〕皇侃：《論語集解義疏》（臺北：廣文書局，1977 年 7 月），上冊，卷首第 2 篇，〈論語集解·敘〉，頁 4；卷首第 1 篇，〈論語義疏敘〉，頁 10。

之說，數量最多的是王安石（409 次），其次是蘇轍（241 次），再次是歐陽修（209 次），接著則是程頤（107 次）、楊時（1053-1135，26 次）、陳鵬飛（1078-1153，16 次）、張載（14次）、徐安道（14 次）。以上徵引較為頻繁的北宋諸儒，其次數超過 100 次的有王安石、蘇轍、歐陽修、程頤等，其餘楊時等四人皆不超過 30 次。其他如蘇洵（1009-1066）、蘇軾、黃庭堅（1045-1105）、司馬光、鄭樵（1103-1162，24 歲前身處北宋時代）等人的《詩》學觀點，亦見於李樗之作，但引述最多者不超過 5 次，最少則僅有 1 次。[21]數字的多寡，雖也涉及到北宋儒者是否有《詩經》學的專門著述，但亦由此可見李樗在引用北宋諸儒意見以解《詩》時，呈現一種極端偏重的現象，且針對性頗為明顯。

　　假如李樗徵引北宋儒者的解經意見，目的純在強化自己的詮釋效力，則透過上面的數據，可立知北宋解《詩》者在其心目中的分量。不過，如前所云，李樗的引述舊說有時是意在批評的，因此，必須由引用時的肯定與否定之比率，才可見出李樗個人對於前輩《詩》說的好惡。以引用次數最多的王安石為例，409 例中，〈風〉、〈雅〉、〈頌〉諸詩同意王氏之解的總合之例共 121 次，否定的例子則高達 283 個，同意與否定的比率分別為 29.95%及 70.04%，約為 3：7。同意與否定蘇轍的解詩意見的總次數為 144 及 91，其比率為 61.27%與 38.72%。同意與否定歐陽修的解詩意見的總次數為 143 與 65，其比率為 68.75%

---

21 關於李樗引用北宋諸家解《詩》之次數及諸家名字，參見「附表一」：「李樗引用北宋諸儒之說認同比率表」，由此表可知李樗主要引用的北宋諸儒總計 33 人，而主要集中在王安石、蘇轍、歐陽修、程頤四人身上。

與 31.25%。同意與否定程頤的解《詩》意見的總次數為 70 與
36，其比率為 66.03%與 33.96%。[22]在這些超過 100 次的引用例
證中，李樗同意諸儒解《詩》意見比率最高的是歐陽修
（68.75%），其次分別為程頤（66.03%）、蘇轍（61.27%），王安
石則是這些解經學者中接受度最低的，只有 29.95%。

　　在此不妨從反向來進行判讀，李樗反對北宋諸儒解《詩》
意見最明顯的是王安石，比率高達 70.04%，已達七成。其次是
蘇轍，不過他對蘇轍解《詩》持反對意見的比率僅有 38.72%，
未達四成，所以由接受與反對之前二名的比較中就可知李樗對
北宋諸儒解說好惡之取向。質實以言，李樗對於王安石的解《詩》
成果印象不佳，對於歐陽修、程頤、蘇轍等人的解《詩》內容，
態度顯得較為持平，畢竟接受的程度若非超過六成，也已接近
此一數據。若進一步分析十五〈國風〉、二〈雅〉與三〈頌〉中
的接受情況，則個別的〈風〉、〈雅〉、〈頌〉所呈現的接受情況
與總合情況相當：十五〈國風〉中，李樗願意接受北宋知名儒
者的釋義者，其程度高低的比率分別是：歐陽修（70.19%）、程
頤（66.25%）、蘇轍（55.67%）、王安石（25.88%）；二〈雅〉的
接受程度則分別為：歐陽修（65.51%）、程頤（65.38%）、蘇轍
（63.30%）、王安石（33.96%）；三〈頌〉的接受程度則為：歐
陽修（76.47%）、蘇轍（72.41%）、王安石（33.33%）。顯而易見
的是，李樗對王安石的解《詩》意見特別反感，此中原由，筆
者將在下一節中提出解釋。

　　反觀黃櫄，因為受制於當初書寫的動機即在補述、闡論李

---

22 關於李樗對王安石等主要引用人的接受度，參見「附表三」：「李樗對王安
　石等主要引用人之意見認同比率表」。

樗的意見，因此其著作並不像李樗一般的全程解釋 305 篇詩文。
加上「合編本」又以李樗意見為主，黃櫄的解詩內容續之於後，
凡是黃說過於接近李說者，「合編本」慣以「黃講同」三字帶過
以節約篇幅，這種例子在《毛詩李黃集解》中共有 25 處。[23]至
於黃櫄說法業已遺佚而不可考者，「合編本」概以「黃講闕」標
示，今本《毛詩李黃集解》中出現「黃講闕」者共計 4 處。更
為特殊的是書中出現了 1 處「黃不講」。[24]另有在「李曰」的內
容結束之後，既不標示「黃講同」、「黃講闕」、「黃不講」，後亦
不列「黃曰」字樣者，亦即黃櫄之說無法在合編本中見著，編
纂者也無片言隻語以交代原因，這一類型的獨缺黃櫄之說，在
今本《毛詩李黃集解》中共計 51 處。[25]扣除這些缺少文字論述

---

23 25 處分見李樗、黃櫄：《毛詩李黃集解》，影印《文淵閣四庫全書》，第 71
　　冊，卷 5，頁 116：9a；卷 11，頁 222：2b；頁 224：5a；頁 232：22b；頁
　　236：30b；頁 238：33a；卷 12，頁 244：7a；頁 251：21b；頁 253：25b；
　　頁 257：33b；卷 13，頁 277：36a；卷 14，頁 293：30a；卷 15，頁 298：
　　3b；頁 301：8b；頁 314：34a；卷 16，頁 316：5b；卷 18，頁 358：16b；
　　頁 362：23b；頁 364：27a；頁 365：29a；卷 19，頁 376：21a；頁 383：
　　34b；卷 30，頁 564：39a；卷 31，頁 567：4b；頁 574：19b。其中較特別
　　的是論及〈魏風‧碩鼠〉雖用「黃講同」標示，但後面又有「黃氏總論」
　　一段文字，見卷 12，頁 252：22a。
24 《毛詩李黃集解》，〈王風‧黍離〉，卷 8，頁 182：28a；〈陳風‧株林〉，
　　卷 16，頁 315：3a；〈小雅‧祈父〉，卷 22，頁 435：22b；〈我行其野〉，
　　卷 22，頁 439：31b。〈小雅‧采薇〉，卷 20，頁 391：15a。
25 《毛詩李黃集解》，卷 18，頁 360：20b；卷 19，頁 376：21b-380：28a；
　　卷 22，頁 437：26a；卷 22，頁 438：28a；卷 23，頁 452：24a；卷 23，
　　頁 457：35a；卷 24，頁 461：8b；卷 24，頁 464：14b；卷 24，頁 467：
　　20b；卷 24，頁 470：25b；卷 25，頁 476：10a；卷 25，頁 479：16b；卷
　　25，頁 482：22a；卷 25，頁 483：25a；卷 25，頁 485：28b；卷 26，頁
　　487：5a；卷 26，頁 490：11a；卷 26，頁 493：16b；卷 26，頁 495：21a；
　　卷 26，頁 496：22a；卷 26，頁 498：26a；卷 26，頁 499：28b；卷 27，
　　頁 503：7a；卷 27，頁 506：13a；卷 27，頁 509：18a；卷 27，頁 511：

的詩篇，則黃櫄實際上有進行詮解的詩文只剩 224 篇。細考此
224 篇詩文，黃櫄絕大部分的詮解內容是在論述己見或補充李樗
之解，徵引前人之說的篇目反而不多，其具體數據是，「有文無
引」的多達 178 篇，「有所徵引」的只有 46 篇。[26]在這 46 篇中，
黃櫄所徵引的北宋學者只有 13 人，13 人中徵引次數超過 10 次
的只有歐陽修（17 次）、陳鵬飛（18 次）、蘇轍（13 次）。其餘
王安石、程頤等人最多 5 次，最少 1 次。無論就徵引的人數或
次數，黃櫄顯然都遠不如李樗。因此，就實際數字分析看，黃
櫄的徵引數字及比率，其參考價值遠遠不如李樗。[27]

根據現代統計學，數據是客觀事物量的反應，統計工作是
密切聯繫現象的質來研究其量，並通過量以反應現象之質。[28]由
於黃櫄大量引述李樗之解，是其著作本質之必然，而引述其餘
諸家的量數又過少，若根據有限之量來進行推論，前提對結論
的支持勢必不強，故觀察《毛詩李黃集解》的徵引北宋諸儒數
據，必須以李樗的數值為主，黃櫄為輔，而且這是指現象而言，

22b；卷 27，頁 512：25b；卷 27，頁 513：27b；卷 27，頁 515：31a；卷
28，頁 517：3b；卷 28，頁 519：7a；卷 28，頁 521：10a；卷 28，頁 521：
11b；卷 28，頁 525：18a；卷 28，頁 526：20a；卷 28，頁 527：23a；卷
28，頁 530：28b；卷 28，頁 531：30b；卷 29，頁 533：4a；卷 29，頁 534：
7b；卷 29，頁 536：10b；卷 29，頁 537：12b；卷 29，頁 538：15b；卷
29，頁 540：18a；卷 29，頁 541：20a；卷 29，頁 542：22b；卷 29，頁
543：24b；卷 29，頁 544：27a；卷 31，頁 569：9a；卷 33，頁 633：42b；
卷 33，頁 639：49b。

26 關於黃櫄「有所徵引」的篇目，參見「附表四」：「黃櫄引用北宋諸儒論詩
篇目表」。

27 關於黃櫄徵引北宋諸儒的認同比率，參見「附表六」：「黃櫄對歐陽修等主
要引用人之意見認同比率表」。

28 曾五一主編：《統計學概論》（北京：首都經濟貿易大學出版社，2003 年 1
月），頁 2。

至若在意義的解釋上，更是僅能針對李樗來進行觀察與說明，黃櫄可以不計。

第三節　李樗對北宋詩旨新解的

接受傾向

　　數據的蒐集是統計工作過程的基礎階段，[29]上一節的數據可以讓我們清楚看到一些客觀現象，從而也掌握了一部分的事實，但唯有進一步觀察其論述內容，才能獲悉《毛詩李黃集解》（當然，如同前述，這裡特指李樗而言）對前代學者解《詩》意見的依違原因，並理解其徵引前輩學人說法之用心，從而體認其中的意義。

　　從李樗所徵引的人數及次數、比率可知，李樗在徵引前輩學者之說時，其基本態度偏向正面，主要的徵引學者如歐陽修、程頤、蘇轍，接受的程度約在 60%至 70%之間。至於徵引次數較少的楊時、陳鵬飛、張載等人，其肯定的程度更高，分別為 92.3%、87.5%與 75%。整體觀之，李樗持負面態度來徵引的北宋儒者僅有兩位，一是前面屢次提到的王安石，另一位是徐安道。不過，徐安道因為被徵引的次數並不多，僅有 14 次，肯定與否定的總次數又頗為接近，因此意義不大，甚至可以不論。如此，遭李樗大力反對的北宋儒者，就只有王安石一人，其反

---

29 曾五一主編：《統計學概論》，頁 16。

對的比率已達七成（70.04%）。這就是何以筆者要特別強調《毛詩詳解》具有很強的針對性，因為可以由此看出，李氏撰書的主要批判目標就是曾經推行新法於天下、頒佈《三經新義》於學官的王安石。

　　再由徵引的諸家學者身分來看，李樗所徵引的學者多半屬於所謂新派說《詩》之士，即那些勇於懷疑、創造，能突破舊說而提出新解的學者，從歐陽修到張載都可歸於此一陣營。[30]這

---

30 所謂新派、舊派當然並不容易作出明確的界定，除非像王質（1135-1189）、范處義（紹興二十四年〔1154〕進士）般居於新舊二個端點的學者，才能以對比的方式，具體地描述新舊差異。雖然，研究者仍然可以取得共識，有如清儒紀昀（1724-1805）所云：「《詩》之構爭久矣，王肅首起而駁鄭，王基遂踵而難王，孫毓復申王說，鄭統又明鄭義。其書今並不傳，其逸文散見諸書者，已紛紜轇轕矣。至宋而盧陵、潁濱，小立異同，未顯攻也。鄭樵始發難端，而朱子和之，是為新學；范處義力崇舊說，而呂祖謙、嚴粲等遙應之，是為古學。於是尊《序》廢《序》，為不可破之門戶。」〔清〕紀昀著，孫致中、吳恩揚等校點：《紀曉嵐文集》（石家莊：河北教育出版社，1995年12月），第1冊，頁156。甘鵬雲（1862-1941）〈宋元明詩學流派二則〉：「《四庫提要》謂自歐陽修、蘇轍以後，《詩》家之別解漸生，自鄭樵、周孚以後，《詩》家之爭端大起。紹興、紹熙間所爭執，要其派別不出兩家。迄宋末，而古義牿亡，新學遂立。元代承之，理《詩》之家，祇箋疏朱《傳》。延祐頒制，而朱《傳》遂在學官。宋之兩派，至元遂一派孤行矣。」甘鵬雲：《經學源流考》（臺北：廣文書局，1977年1月），卷3，頁91-92。本文所謂新派大抵即指甘氏所謂之別解漸生之《詩》家。目前學界多以新、舊討論宋學在形式與觀點上的差異，其本身並不據科學上的量化或界定意義，而是一種狀態、樣貌的描述。這並不代表「新」、「舊」是混淆、模糊的概念，反而因為「新」、「舊」具有意涵上的二分結構，在論述時將更能表明著作的特質與指向、意圖。事實上，宋代學者很早就自覺到，經學詮釋若在方法與內容上與前代不同，即具「新」之特質。以王安石為例，《詩經新義》固然尊重《序》說，但王氏以「道」為據，依「法」而行的詮經進路，以法、以禮解《詩》的意涵呈現，早已非傳統《詩經》學所能侷限。是故，筆者以為，在《詩經》學史上，所謂的「新」「舊」兩派，不僅表現在對於《詩序》、《毛傳》、鄭《箋》的態度上，同時也是方法、內涵、觀點與體式上的創新。當然新舊之分是一種相對的概念，例

說明了宋代《詩經》學發展至南宋之初，其累積的創新力量已
經頗為可觀，從追求本義的歐陽修開始，經過以理學解《詩》
的程頤、張載、楊時，力主廢除「後序」而又身體力行的蘇轍，
李樗都一一汲取其解《詩》意見，以為自己的解《詩》增添「新」
的色彩。不過，值得注意的是，李樗在收納新派學者之說之後，
其書的總體傾向依然流露出傳統之風貌，這是因為李樗支持《毛
詩序》的絕大多數解題，即使許多《序》說已被質疑牽強附會，
李樗仍然願意挺身維護《詩序》，以為序《詩》之人用「推原」、
「意在言外」的方式來點出篇旨，因此表面看來似乎不合詩意，
其實《序》說才真正道出了詩篇的深層旨意。[31]在《詩經》讀本
中全錄《詩序》，與全錄《序》說而又不時維護《詩序》，兩者
的態度依然有所差異，李樗屬於後者。

　　在李樗所徵引的眾多學者中，還有一個現象值得關切，那
就是程頤、楊時、張載、陳鵬飛都具備理學家的身分，且程頤
與楊時又是師生關係。當王安石《詩經新義》一出，反對者眾，
其中又以程頤及其弟子楊時等人為主。[32]雖然李樗徵引楊時的說
法僅 26 處，但其肯定的比率高達 92.3%，程頤的總體接受率也

如同樣是尊重傳統的說《詩》者，若在解釋中大量放入理學觀點、文藝析
解，則相對於篤信《詩序》、遵守漢唐注疏者，仍顯現出其「新」的一面。
相關資料可參〔清〕皮錫瑞：《經學歷史》（臺北：藝文印書館，2000 年
11 月），頁 237-238；葉國良：《宋人疑經改經考》（臺北：國立臺灣大學中
國文學研究所碩士論文，1977 年 6 月），頁 75-96；李師威熊：〈兩宋的新
經學〉，收於《中國經學發展史論》，上冊，頁 285-349。

31 詳拙文：〈尊《序》？反《序》？──析論《毛詩李黃集解》的解《詩》
立場〉，《臺大文史哲學報》第 76 期，頁 10-11。

32 關於程氏師徒反對王安石《詩經新義》的論述，可參戴維：《詩經研究史》
（長沙：湖南教育出版社，2001 年 9 月），頁 289-290。

有 66.03%，則其反對王安石的用心更是不言可喻。因此，李樗在徵引這些學者說法的同時，似乎也透露出自己某種解《詩》之立場與途徑。立場之一即是對王氏之《詩》說持反對之態度，至於解經途徑則有明顯的理學意味，即擅於從理學家的角度、視域來分析詩文，賦予詩文心性義理等理學意涵。[33]

從《毛詩》的詮釋歷史觀之，漢唐經生的解《詩》步驟通常是先理解《詩序》，然後才就詩文本身進行訓釋。到了北宋，即使疑經惑傳的風氣盛行，[34]富有創新精神的學者對於《詩序》的說法亦不敢直接越過，仍須參考接受，甚且為之梳理釋疑。[35]

---

33 關於李樗以理學解《詩》之說，可參簡澤峰：《宋代詩經學新說研究》（彰化：國立彰化師範大學國文研究所博士論文，2008 年 6 月），頁 186-188。

34 歐陽修〈孫明復先生墓誌銘〉：「先生治《春秋》，不惑傳註，不為曲說以亂經。其言簡易，明於諸侯大夫功罪，以考時之盛衰，而推見王道之治亂，得於經之本義為多。」《居士集》，〔宋〕歐陽修著，李逸安點校：《歐陽修全集》（北京：中華書局，2001 年 3 月），第 2 冊，卷 30，頁 458。王應麟（1223-1296）：「自漢儒至於慶曆間，談經者守訓故而不鑿。《七經小傳》出，而稍尚新奇矣。至《三經義》行，視漢儒之學若土梗。……道愈散而習愈薄矣。陸務觀曰：『唐及國初，學者不敢議孔安國、鄭康成，況聖人乎？自慶曆後，諸儒發明經旨，非前人所及，然排〈繫辭〉，毀《周禮》，疑《孟子》，譏《書》之〈胤征〉、〈顧命〉，黜《詩》之〈序〉，不難於議經，況傳注乎？』斯言可以箴談經者之膏肓。」〔宋〕王應麟著，〔清〕翁元圻等注，欒保羣等校點：《困學紀聞》（上海：上海古籍出版社，2008 年 12 月），中冊，卷 8，頁 1094-1095。蔡方鹿：「……宋學者對箋注經學提出非難。他們發揮經書中的微言大義和義理，全憑己意說經；不僅疑傳、捨傳，而且疑經、改經，蔚然形成疑經惑傳的學術新風。」〈論漢學、宋學經典詮釋之不同〉，《哲學研究》2008 年 1 期，頁 67。

35 舉例而言，歐陽修〈序問〉云：「今考《毛詩》諸〈序〉與孟子說《詩》多合，故吾於《詩》常以〈序〉為證也。至其時有小失，隨而正之，惟〈周南〉、〈召南〉失者類多，吾固已論之矣，學者可以察焉。」《詩本義》，影印《文淵閣四庫全書》，第 70 冊，卷 14，頁 294：14b。王安石：「蓋序《詩》者不知何人，然非達先王之法言者，不能為也。」〈答韓求仁書〉，〔宋〕王安石著，李之亮箋注：《王荊公文集箋注》（成都：巴蜀書社，2005 年 4 月），中冊，卷 35，頁 1202。

南宋初年，李樗、黃櫄在詮釋詩文之時，依然遵循舊有的程序，先針對《序》文進行解釋。從李樗所徵引的前代學者之意見看來，諸家對於詩旨的判讀並不是他在徵引時的主要考量重點，質言之，李樗所以徵引如此龐大的前代學者之說來解釋三百篇，其目的主要是要運用諸人之意見來詮解詩文中費解的字詞意義，以及典章名物、禮儀制度等。這種傾向可以從李樗對這些前輩學人的接受內容與意向中得知。

　　在 272 篇中有所徵引的論述裡，李樗運用北宋諸儒之說來解釋《詩序》的只有 40 篇，而在這 40 篇中，李樗徵引的目的並不是藉以質疑、推倒《詩序》，正好相反，其用意在於條理出《詩序》之說的真實意涵，並用以鞏固《詩序》之存在價值。[36]如引伊川與龜山之說來解釋〈周南・關雎〉之〈序〉「淑女」為「后妃」，非「眾妾」；引張載、龜山之說證明《序》文「在父母家」為歸寧之時；引程氏之說以解〈芣苢〉之〈序〉文「和平」為室家和平之意，而非諸家所說的天下和平；引劉氏之說以證〈麟之趾・序〉之「應」字為效應，非瑞應等。[37]最明顯的莫過於《詩序》之言太簡略，只有一句，後人無法掌握其真正意涵，李樗會刻意徵引前輩學人之說作為補充論述之用。如〈小雅・黃鳥〉、〈我行其野〉之〈序〉都只有「刺宣王也」一句，並無所謂「後序」之語，李樗云：「〈黃鳥〉之詩無〈序〉，故說者不同。毛氏則以為室家相去之詩，王氏、蘇氏則以為賢者不得志而去之詩」，當從王氏、蘇氏之說，[38]而「〈我行其野〉之詩

---

36 關於李樗通過徵引北宋諸儒之說以解釋《詩序》的篇目及其內涵，參見「附表七」：「李樗對北宋諸儒解說《詩序》意見接受表」。

37 以上所引諸例分見《毛詩李黃集解》，卷 1，頁 30：56b；卷 2，頁 35：1b-36：2a；頁 53：36b-37a；頁 61：53a。

38 《毛詩李黃集解》，卷 22，頁 437：26b。

亦無〈序〉，不言其刺之之由，故說者亦不同。鄭氏則以為棄其
舊姻相怨之詩」，蘇氏以為「甥舅諸侯求為卿士而不獲之詩」，
王氏「以為民不安居而適異邦，從其昏姻而不見恤之詩」，然「以
詩中文意反覆而玫之，鄭氏之說為長」。[39]40 篇中類此引用前輩
學人之說以申論《詩序》的占了大多數，共計 23 篇，[40]李樗對
於《詩序》的基本立場，由此可見一斑。

　　除了徵引有利於維護、解釋《詩序》的前儒之論，李樗也
利用機會駁斥那些質疑《詩序》之言的學者，或者糾正其疏解
《詩序》之不當。此類徵引篇目共計 10 篇。[41]不過，李樗仍不
能稱之為絕對的擁《序》者，對於《詩序》，他也有不滿意的時
候，〈周南・關雎〉、〈召南・江有汜〉、〈鄘風・載馳〉、〈鄭風・
清人〉、〈豳風・鴟鴞〉、〈小雅・常棣〉、〈魚麗〉、〈都人士〉、〈商
頌・那〉等九篇〈序〉文都曾遭他批評，[42]甚至於，某些前輩學
者試圖為《序》說解，其內容也有時也會被李氏推翻，如徐安
道解釋〈雨無正〉篇名之意云：「正大夫、三事大夫、邦君諸侯
皆自肆與凡百君子不敬其身，可謂眾多如雨」，李樗以為徐氏之
說「附會」，就連《詩序》「雨自上下者也，眾多如雨，而非所
以為政也」等文字也是「其文不貫」、「其意皆不見」，面對此篇

---

39 《毛詩李黃集解》，卷 22，頁 438：28b-29a。
40 篇目為：〈周南・關雎〉、〈芣苢〉、〈麟趾〉、〈召南・江有汜〉、〈騶虞〉、〈邶
　　風・匏有苦葉〉、〈旄丘〉、〈鄘風・牆有茨〉、〈載馳〉、〈秦風・黃鳥〉、〈小
　　雅・我行其野〉、〈鼓鍾〉、〈桑扈〉、〈大雅・崧高〉、〈周頌・昊天有成命〉、
　　〈我將〉、〈時邁〉、〈豐年〉、〈有瞽〉、〈雝〉、〈酌〉、〈商頌・長發〉，其卷
　　數、頁數與內容概說，參見「附表七」。
41 篇目為：〈周南・桃夭〉、〈兔罝〉、〈召南・羔羊〉、〈小星〉、〈鄭風・有女
　　同車〉、〈小雅・節南山〉、〈采綠〉、〈大雅・文王〉、〈思齊〉、〈周頌・潛〉，
　　其卷數、頁數與內容概說，參見「附表七」。
42 詳拙文：〈尊《序》？反《序》？——析論《毛詩李黃集解》的解《詩》
　　立場〉，《臺大文史哲學報》第 76 期，頁 8。

之篇名、意旨，李樗的建議是，「當闕之以俟知者」；[43]又指出《序》
之說〈蕩〉「有可疑者」，起因在於《序》說與詩文不相干。歐
陽修曾嘗試詮解名「蕩」之由，李樗則批評其說「只為作《序》
者求合於詩之句」，並不符詩意。[44]不過，這一類通過引述北宋
儒者之言而懷疑《詩序》者畢竟屬於極少數，全書僅見 3 篇。[45]

　　李樗本有機會多引前輩之論點，以鬆動《詩序》的解題或
細部內容，但他卻僅抓住區區的三篇，這樣的現象既弔詭又尋
常，謂之弔詭者，李樗所常徵引的那些北宋學者，從歐陽修、
王安石、程頤到蘇轍，其與傳統學者最大的區別，就在於諸人
說《詩》內容皆帶有明顯可見的新變之成分。其中，王安石、
程頤固然肯定《詩序》的價值，[46]但二人說解詩篇都帶有明顯的
時代色彩（詳後），而歐陽修與蘇轍更是北宋著名的疑《序》學
者，然而從李樗所徵引的這些論《序》之文觀之，其維護、遵
守舊說的立場極為堅定，懷疑、否定的言論仍屬少數。謂之尋
常者，北宋諸儒反對《詩序》之解，在《詩經》學史上算是新

---

43 《毛詩李黃集解》，卷 24，頁 462：10a。

44 《毛詩李黃集解》，卷 34，頁 641：2a-b。

45 案：除了〈小雅・雨無正〉、〈大雅・蕩〉之外，李樗於〈魯頌・駉〉引蘇
　轍之言「《詩》惟〈雅〉為非天子不作也，〈頌〉之為詩，本於為德而已矣，
　故天子有德於天下，則天下頌之；諸侯有德於其國，則國人頌之。商、周
　之頌，天下之頌也；魯人之頌，一國之頌也」，而質疑曰：「竊嘗疑之，商、
　周之德可以頌也，魯果可與商、周並乎？以僖公三十三年間考之，《春秋》
　所書皆無可襃之事，不宜有此頌也，此其所以為可疑也。」《毛詩李黃集
　解》，卷 40，頁 775：10a。

46 王安石「蓋序《詩》者不知何人，然非達先王之法言者，不能為也」之言
　已見前引，程頤則特別肯定「首序」的權威性，其云：「……得失之迹，
　刺美之義，則國史明之矣。史氏得詩，必載其事，然後其義可知。今〈小
　序〉之首是也，其下則說詩者之辭也。」程頤：《河南程氏經說》，〔宋〕
　程顥、程頤著，王孝魚點校：《二程集》（北京：中華書局，1981 年 7 月），
　第 4 冊，卷 3，頁 1046。

說崛起的初期，所以其所反對者僅是部分《詩序》的解題內容，並不能涵蓋全體《詩序》（詳後）。李樗對於《詩序》有較高的滿意度，要想廣引上述知名學者之說，只要知所選擇，自不難透過引述新派學者所言，以鞏固傳統之見。李樗引述歐陽修、程頤、蘇轍等人的相關見解，有近乎 60%至 70%的接受度，卻沒有將這些前輩學者論詩的「新」概念反映在解《詩》的成果中，這是其引述的技巧與用心之所在。

　　若以李樗特別信賴《詩序》首句為觀察基點，[47]則必須承認此舉深受蘇轍之影響，而蘇轍僅取《序》之首句或亦來自歐陽修的啟迪，[48]如此，這一條從歐陽修到蘇轍、李樗的反對《詩序》

---

47 不過，在實際解說詩義時，《毛詩李黃集解》是將《詩序》全文照錄的，這不僅是為了文獻的完整性，更重要的原因是，「後序」的說解對於李樗而言，仍大有可觀之處，其說有時似若不通，但其實皆有其理。說詳拙文：〈尊《序》？反《序》？——析論《毛詩李黃集解》的解《詩》立場〉，《臺大文史哲學報》第 76 期，頁 9-11。

48 《四庫提要》：「自唐以來，說《詩》者莫敢議毛、鄭。雖老師宿儒，亦謹守〈小序〉。至宋而新義日增，舊說俱廢。推原所始，實發於修。」《四庫全書總目》，第 1 冊，卷 15，頁 335：12a。蘇轍云：「今《毛詩》之《敘》，何其詳之甚也？世傳以為出於子夏，予竊疑之。子夏嘗言《詩》於仲尼，仲尼稱之，欲後世之為《詩》者附之，要之，豈必子夏為之，其亦出於孔子或弟子之知《詩》者歟？」又謂《詩序》之言「時有反覆煩重，類非一人之詞者，凡此皆毛氏之學，而衛宏之所集錄也」，故其作《詩集傳》，於《詩序》僅「存其一言」，「而盡去其餘」。詳〔宋〕蘇轍：《詩集傳》，影印《文淵閣四庫全書》，第 70 冊，卷 1，頁 315：6a-6b。李樗引述蘇轍的見解，並云：「此說深得之。蓋自漢以來，為《詩》解者有四家，齊、魯、毛、韓皆以傳授不同，故其說不一也。」《毛詩李黃集解》，卷 1，頁 3：3b-4：4a。案：蘇轍雖質疑子夏作《序》之說，但仍推測是「出於孔子或弟子之知《詩》者」，故以為《詩序》唯首句最可信賴，李樗的研判則為「諸儒之說以《詩》之《序》或指以為子夏所作，指以為孔子所作，皆非也。惟以為漢之世，為《毛詩》學者前後相繼，有所附益而增加之，而足成其書，則得之矣。」詳《毛詩李黃集解》，卷 1，頁 14：25a-25b。這是兩者見解的不同所在。

之陣線，理論上應該已經儼然成形，容易予後人一種除舊立新
的印象，事實上卻非如此。考歐陽修原本即是影響整個宋代解
《詩》走向的關鍵人物，有如樓鑰（1137-1213）所云：

> 由漢以至本朝，千餘年間，號為通經者，不過經述毛鄭，
> 莫詳於孔穎達之《疏》，不敢以一語違忤二家，自不相伴
> 者，皆曲為說以通之。韓文公大儒也，其上書所引〈菁
> 菁者莪〉，猶規規然首其說。惟歐陽公《本義》之作，始
> 有以開百世之惑，曾不輕議二家之短長，而能指其不然，
> 以深持詩人之意。其後王文公、蘇文定公、伊川程先生
> 各著其說，更相發明，愈益昭著，其實自歐陽氏發之。[49]

清儒周中孚（1768-1831）也將後儒立說之務立新奇歸咎於歐陽
修，四庫館臣的意見也與之相似。[50]既然歐陽修有追索詩之本義
的企圖，其後諸儒又有「更相發明」之作，何以李樗博引諸家
之說，卻可以讓其著作充滿傳統風貌？筆者以為這個問題的答
案當從兩個面向來思考：首先為李樗所徵引的這些新派學者對
《詩序》的實際表現為何？其次，李樗徵引這些新派學者之論
以解《詩》，是側重在詩旨的解讀，或詩文的訓釋？

　　上述兩個問題都有明確的答案，就第一個問題而言，實際

---

49 〔清〕朱彝尊原著，林慶彰、楊晉龍、蔣秋華、張廣慶編審：《點校補正
經義考》（臺北：中央研究院中國文哲研究所，2004年12月），第3冊，
卷104，頁824-825。

50 除了《四庫提要》之言已見前引之外，周中孚謂《詩本義》：「自唐定《毛
詩正義》以後，與毛鄭立異同者，自此書始。雖不輕議二家之短，而頗指
其不然。其後王介甫、劉原父、蘇子由、程伊川、朱文公諸家，各著其說，
更相發明，而毛鄭之學益微，從此〈小序〉可刪，而經文亦可刪矣，篇次
亦可更定矣，其實皆濫觴於是書也。」〔清〕周中孚：《鄭堂讀書記》（臺
北：廣文書局，1978年8月），第1冊，卷8，頁130-131。

的情況是，歐陽修、蘇轍等人的說《詩》，固然具有創新的時代精神，但從其解《詩》著作看來，多數詩篇的解題依然遵守《詩序》之說。質實以言，歐陽修雖表達對於《詩序》的不滿，但直接批判《詩序》內容者僅約十餘篇，[51]蘇轍廢置「後序」，更無異是公開同意「首序」來源之古，並也承認了「首序」之權威性。第二個問題則是李樗徵引前輩《詩》解的真正關鍵，即李樗引用北宋諸儒的說《詩》成果來詮解詩文，其主要的目的並不在於釐清詩旨，而是在於解決詩文字詞的訓釋問題，而訓詁的推陳出新，其實隱藏在諸多細節之中，不能像解說主題那般的一眼可見創新之處。所以，李樗的說《詩》若要歸入傳統的一派，那是因為其對《詩序》的尊重態度，若要改置於創新的一派，[52]則是因為在詩文的訓解中，李樗大量引述宋儒新說以立異於毛鄭。

第四節　李樗對北宋詩文新釋的
接受傾向

　　若謂李樗徵引北宋諸儒的解《詩》意見，主要目的在幫助理解詩篇中的生難費解字詞，那麼首先必須接受後世研究者質疑的就是：傳統的《毛傳》、鄭《箋》、孔《疏》是否精確性不

---

51 詳裴普賢：《歐陽修詩本義研究》（臺北：東大圖書公司，1981 年 7 月），頁 98。

52 案：簡澤峰視李樗為宋代新派說《詩》者，詳《宋代詩經學新說研究》，頁 13-14。

足，又或者早已不敷使用？其次，假設李樗徵引大量的北宋諸儒之說，所突顯出的意義是其對於傳統漢唐舊說的不信任，那麼他必須有一套接受北宋諸儒訓解的理由與標準。何以北宋諸儒的訓解必然優於漢唐儒者？由此可進一步探索：南宋初年的李樗樂意接受北宋諸儒的訓解方式，透顯出何種意義？

　　實際上，歐陽修、王安石、程頤、蘇轍都有一個共通的特點，即對傳統注疏的不甚滿意，甚至在訓解詩文的過程中跳過舊說不用，直出己意以解之。後人評論歐陽修《詩本義》時，常以其首開批評毛、鄭之風而推崇之，此已見前引，而宋人張燁為《詩本義》作〈序〉所說的這幾句也值得研究者留意：「毛、鄭之詩三百五篇，而歐陽乃百一十四篇，何也？毛、鄭二家之學，其三百五篇中不得古人之意者百十四篇，歐陽修為之〈論〉以辨之。」[53]再者，綜觀《詩本義》中的「取舍義」十二篇，取毛舍鄭者七，取鄭舍毛者五，或許由此可以推測，鄭《箋》較之《毛傳》更不合歐陽修心目中之「本義」。[54]至於王安石，在其政治權力運作之下，《三經新義》與《字說》「一時學者無敢不傳習，主司純用以取士，士莫得自名一說。先儒傳註，一切廢不用」，[55]依其重新設計的貢舉新制：

　　　進士罷詩賦、帖經、墨義，各占治《詩》、《書》、《易》、
　　　《周禮》、《禮記》一經，兼以《論語》、《孟子》。每試四

53　《點校補正經義考》，卷 104 引，頁 823。案：若謂歐陽修辨證本義者共
　　114 篇，正代表其餘諸篇可接受《詩序》與毛、鄭之說，固然未必精準，
　　但大致合乎理則。
54　詳裴普賢：《歐陽修詩本義研究》，頁 115-119。
55　〔元〕脫脫等：《宋史》（北京：中華書局，1977 年 11 月），第 30 冊，卷
　　327，頁 10550。

> 場，初本經，次兼經並大義十道，務通義理，不須盡用
> 注疏。⁵⁶

「務通義理，不須盡用注疏」十字已將王安石的棄舊求新的解
經取向徹底地反映出來。此外，程頤與其兄程顥在教導弟子讀
書解經的過程中，也透露出其對舊有傳疏的態度，認為如毛、
鄭、孔等傳疏文字是解經讀書的障礙：「學者多蔽於解釋注疏，
不須用功深。」又云：「今之學者有三弊：溺於文章，牽於詁訓，
惑於異端。」⁵⁷蘇轍的《詩集傳》雖然採用了不少毛、鄭的解釋，
但從他自言著此書的動機可見出對於傳統注疏的不滿，〈穎濱遺
老傳上〉更直云：「平生好讀《詩》、《春秋》，病先儒多失其旨，
欲更為之傳。」⁵⁸

　　李樗繼承了歐陽修等人的觀點，僅視《傳》、《箋》為釋《詩》
時的參稽之解，並不特別予以推崇，更不擬盡依其說。就筆者
初步的統計觀之，李樗在訓解詩文字詞時，最常用宋儒之說以
駁斥毛、鄭等舊說的，以歐陽修為最多，這也可驗證上一節中

---

56 李燾：《續資治通鑑長編》（北京：中華書局，1995 年 4 月），第 16 冊，卷
　　220，頁 5334。
57 分見《二程集》，第 2 冊，《河南程氏外書》，卷 1，頁 352；第 4 冊，《河
　　南程氏粹言》，卷 1，頁 1185。
58 〔宋〕蘇轍著，陳宏天、高秀芳點校：《蘇轍集》（北京：中華書局，1990
　　年 8 月），《欒城後集》，第 3 冊，卷 12，頁 1017。據趙制陽的考證，蘇轍
　　《詩集傳》的著作年代，應在蘇氏居筠州、雷州、循州七年以及居許州六
　　年的這段時間。〈穎濱遺老傳上〉云：「子瞻以詩得罪，徹從坐，謫監筠州
　　鹽酒稅。五年不得調。平生好讀《詩》、《春秋》；病先儒多失其指，欲更
　　之傳。」又云：「凡居筠、雷、循七年，居許六年，杜門復理舊學，於是
　　《詩》、《春秋傳》、《老子解》、《古史》四書皆成。」〈蘇轍詩集傳評介〉，
　　趙制陽：《詩經名著評介》第三集（臺北：萬卷樓圖書公司，1999 年 11 月），
　　頁 65-66。

的統計數字，李樗在北宋儒者中，對歐陽修的認同度最高。檢視李樗徵引歐陽修之說的內容，最常用的方式便是直接引歐陽修駁斥毛、鄭說的言論，用「破」、「辯」、「闢」等字形容歐陽修對毛、鄭訓詁的否決，也表示自己對毛、鄭說的同樣不滿。如鄭玄以譬喻說葛覃，李樗在討論〈周南·葛覃〉時，以歐陽修曾破鄭玄之說，來證明鄭說的不可信；[59]詮釋〈王風·采葛〉，謂毛、鄭解「采葛」、「采蕭」、「采艾」等喻，歐陽修已「破」其說；[60]論〈鄭風·叔于田〉之「巷無居人」二句，謂鄭玄之說，歐陽修「已破之矣」；[61]解〈唐風·采苓〉「舍旃舍旃」等四句，謂鄭玄「以四句分為二事，歐氏破其說」；[62]釋〈豳風·鴟鴞〉「無取我室」之「室」，謂鄭玄之解，歐陽修「亦破之」。[63]類似的例證還有 17 個，[64]李樗對歐陽修訓釋文句的認同頗高，由此可以確定。

在諸多徵引宋儒之說以取代毛、鄭訓詁的例證中，有一種類型值得注意，即對於三百篇詩文字詞的訓解，李樗若對毛、

---

59 《毛詩李黃集解》，卷 2，頁 37：4b。
60 《毛詩李黃集解》，卷 9，頁 191：11b-192：12a。
61 《毛詩李黃集解》，卷 9，頁 200：29a。
62 《毛詩李黃集解》，卷 13，頁 276：34a-b。
63 《毛詩李黃集解》，卷 18，頁 352：4a。
64 分見《毛詩李黃集解》，〈小雅·鹿鳴〉，卷 19，頁 368：4b；〈皇皇者華〉，卷 19，頁 375：18b-19a；〈湛露〉卷 21，頁 406：6a；〈無羊〉，卷 23，頁 446：12a-b；〈小宛〉，卷 24，頁 468：21a-21b；頁 469：24b；〈何人斯〉，卷 25，頁 480：19a；〈蓼莪〉，卷 26，頁 486：2a；〈采菽〉，卷 28，頁 526：21b-527：22a；〈漸漸之石〉，卷 29，頁 541：21b；〈大雅·思齊〉，卷 31，頁 568：6a；頁 568：7b；〈生民〉，卷 32，頁 586：3a；〈鳧鷖〉，頁 606：42b；〈周頌·時邁〉卷 37，頁 723：35a；〈思文〉，頁 729：46a；〈有客〉，卷 38，頁 748：33b。

鄭之說不滿意，他往往先徵引數位北宋儒者之說（至多不超過四人）以為依據，而若所徵引之意見中又有歧異，李樗也會從中再作出優劣的裁斷。檢視這類型的例證，可以約略探知李樗對詩文訓詁的要求，及其選取、接受宋儒之說的標準。如論〈丘中有麻〉「將其來食」之句云：「毛氏曰：『子國復來，我乃得食。』鄭氏曰：『言其將來食，庶其親已得厚待之。』」李樗以為毛、鄭二說皆非，因為歐陽修云：「思其來而祿之也。」王安石曰：「將其來而祿於朝也。」二人都將「食」字扣緊《詩序》「思賢也。莊王不明，賢人放逐，國人思之而作是詩」之意，因此歐陽修、王安石二人之說勝毛鄭。[65]解〈斯干〉「無相猶矣」之「猶」：

> 毛氏曰道，此非也。鄭氏作瘉，亦非也。惟王、蘇、歐陽皆曰圖，其說為長。蓋言宣王之時，兄弟之居此室，各相和好輯睦，無有相圖，以見其居此室而安也。[66]

由上述之例可知，李樗選取、接受詩文解釋的標準，首重該字詞的解釋與詩意之間是否有緊密的關聯性，與詩旨大意愈能緊密相關的訓詁，愈能被李樗所接受。所以如〈斯干〉之內容大致為慶祝宣王新居之落成，而《詩序》只有「宣王考室」一句，並無「後序」以申說其意，但從整篇詩文看來，不僅形容屋宇整建之舒適美好，亦言及居住其間之眾人（兄弟、妣祖）和樂等情況，李樗由此推知，此「無相猶矣」當與上句「兄及弟矣」有關，才會採用歐陽修、王氏、蘇氏等人之訓解，從而提出「宣王之時，兄弟之居此室，各相和好輯睦，無有相圖，以見其居

---

65 《毛詩李黃集解》，卷9，頁195：19a。
66 《毛詩李黃集解》，卷23，頁441：3a。

此室而安」的結論。

又如論〈邶風・谷風〉「我躬不閱，遑恤我後」二句云：

> 鄭氏謂我身尚不能自容，何暇恤我所生子孫乎？歐陽氏
> 以為我尚不能自容，何暇恤其後嗣乎？程氏又以謂我身
> 所為且不能省，何暇恤我既去之後乎？三說皆通，而程
> 氏以閱為省閱，比之二說，此為長也。」[67]

李樗以為，鄭氏、歐陽氏、程氏之說皆可通，然而程氏的解說
與《詩序》「刺夫婦失道也。衛人化其上，淫於新昏而棄其舊室，
夫婦離絕，國俗傷敗」一致，可與教化的思想連結在一起，因
此更優於鄭玄、歐陽修。再如論〈小雅・蓼莪〉「鮮民之生，不
如死之久矣」二句：

> 鮮，毛氏以為寡，鄭氏遂箋之以謂供養日少，王氏亦以
> 為其禍已熾，則民鮮矣，故謂之鮮民，皆不如蘇氏以鮮
> 為善，言民以初生為善，今也孝子行役而不得以終養父
> 母，是不如死之久矣。」[68]

由於蘇轍將《詩序》「刺幽王也。民人勞苦，孝子不得終養」之
意帶進詩文中，故李樗認為其「鮮民之生」解釋較能貼近詩旨，
於是裁斷蘇轍之解勝過毛公、鄭玄與王安石。類似的例子不少，
筆者初步統計至少還有 10 個，都是棄毛、鄭不用而取宋儒之說，
甚或連宋儒之說也再分優劣，而其中的評斷、棄取之標準就是

67　《毛詩李黃集解》，卷 5，頁 118：13b。
68　《毛詩李黃集解》，卷 26，頁 486：3a。

各家訓釋內容與詩旨的關聯性。[69]

　　表面看來，李樗這種選取詩文訓詁的方式很合理，作為一個讀者、注釋者，首要之務自然是理解詩文所欲傳達的意旨，因此在訓釋詩文的過程中，遇及生難艱澀或疑而不明之字句，既已掌握漢唐與北宋諸儒的諸多解釋，總要知所取捨。依李樗的訓詁行為觀之，他是堅持要守住讀經之終極目標的，所以古訓的選擇以能否幫助吾人理解詩旨為最高判準，在他看來，與詩旨大義愈能緊密相連的，愈是正確而可用的解釋，其餘的詮說即便可通，仍非最佳之解。細究這種訓解方式，即可發現存在著無法解決的根本困境，第一是常見的所謂「詮釋學循環」（hermeneutical circle），[70]部分與全體之間的矛盾對於李樗來說並不成問題，因為並不是部分決定整體的意義，而是整體（詩旨）的意義早已確定，部分（詩文）的作用在於發揮、補足整體的意義而已，這早已確定的整體意義來源就是《詩序》。從李樗對《詩序》的高比率接受程度來看，[71]他以為北宋諸儒對於三

69　分見〈邶風‧柏舟〉，《毛詩李黃集解》，卷 4，頁 98：14a-b；〈鄘風‧牆有茨〉，卷 6，頁 142：22b-23a；〈鄭風‧子衿〉，卷 10，頁 219：31a；〈唐風‧揚之水〉，卷 12，頁 256：31b；〈小雅‧皇皇者華〉，卷 19，頁 375：18a；〈鴻雁〉，卷 22，頁 427：7a；〈正月〉，卷 23，頁 455：31b；〈巧言〉，卷 25，頁 476：11 b；〈菀柳〉，卷 28，頁 530：29b-531：30a；〈大雅‧桑柔〉，卷 34，頁 658：36b-37a。

70　根據西方詮釋學，理解是一種循環的過程，依德國施萊爾馬赫（Friedrich Daniel Ernst Schleiermacher,1768-1834）的說法，部分必須置於整體之中才能被理解，而對部分的理解又加深對整體的理解，部分與整體在理解中互為前提，相互促進，形成了理解的循環運動。潘德榮：《詮釋學導論》（臺北：五南圖書出版公司，1999 年 8 月），頁 41。

71　案：從李樗對各篇詩旨的理解來看，扣除闕疑不定的篇旨 8 篇，與《序》說完全相同的比率為 92.92%，與《序》說大同小異的比率為 4.5%。至於與《序》說「完全相異」及「大異小同」的說法皆無，其比率為零。詳拙

百篇的解讀成果，並無法取代《詩序》。第二個問題則反映了李樗（或者說許多宋儒）對於訓詁這一解經行為的觀念，即訓詁不能如同漢儒一般，過於注重單一字詞的意義，先追溯其來源、用法、意義，再經由單詞片語的累積，以理解全篇詩文大意。相反地，訓詁是一個整體的事件，從來不是單獨的、片面的理解，詩人固然會有意運用許多修辭技巧，包括譬喻、象徵、託諷等，詩中也或許會出現許多艱澀古奧、冷門偏僻之用語，然而只要確實掌握詩旨大意，對於那些較為孤立的、瑣碎的詞句意義，以及詩人所運用的各種修辭技巧，自然就可迎刃而解。

　　這種注重整體詩旨大意，而有意輕忽部分單詞字義的訓解態度，對宋儒來說有實際上的便利性，這使其無須辛苦追索所訓字詞的古義、始源義、衍伸義……等，而可以直接依據整體詩意，或者上下文意，便直接判斷其字義。然而，問題也由此而起：第一，這種以整體詩旨大意斷定部分詩文字義的訓解方式，忽略了詩中字詞的真正意義。三百篇的創作年代距離宋儒至少一千多年，其運用的許多詩辭本義若不透過基本的考證工夫，往往不能確定其所指，僅憑上下文意、全體詩旨大意就遽爾推斷詩中字詞之義，這樣不只容易做出誤判，也輕忽了自漢至唐諸儒積累的訓詁成果，絕非治學常態。其次，以全體意義推斷部分意義，必須先確定已經掌握正確的詩旨，而大部分宋儒，即使是勇於突破舊說的學者，在論《詩》之前都已先熟悉《詩序》之說，而《詩序》內容的正確性、合理性，原本就是

文：〈尊《序》？反《序》？——析論《毛詩李黃集解》的解《詩》立場〉，《臺大文史哲學報》第 76 期，頁 45。

一個爭議不決的問題，[72]因此僅憑《詩序》就來論斷詩文之義，
不僅不合理則，也失之主觀臆斷。以〈魏風‧十畝之間〉為例，
李樗批評毛公解「閑閑」為「男女無別往來之貌」、「泄泄」為
「多人之貌」，「未見有所據」。因此舉蘇轍與王安石之說云：

> 蘇氏則以謂十畝之間桑者閑閑其可樂也，泄泄，閒貌。
> 王氏則以閑閑為暇而不遽，以泄泄為舒而不迫，則是閑
> 閑、泄泄又以為閒暇之貌。然以此詩觀之，當從王、蘇
> 之說。[73]

實則毛公的解釋並非如李樗所說的「無據」，從清儒的考證可以
知道先秦時期「閑閑」本有無所間別之意，且〈大雅‧皇矣〉「臨
衝閑閑」，毛公解「閑閑」為「動搖」，與眾多而無分別的樣子
亦正相符。「泄泄」，《說文》引作「呭呭」，又在言部的「詍」
字下引〈大雅‧板〉「無然泄泄」寫作「無然詍詍」，許慎（約
58-147）解作「多言也」，而毛公解〈大雅‧板〉之「泄泄」云：
「猶遝遝。」可證「泄泄」本有多人之意。[74]同樣的，上述〈斯
干〉「無相猶矣」之「猶」；〈谷風〉「我躬不閱，遑恤我後」之
「閱」；〈蓼莪〉「鮮民之生，不如死之久矣」之「鮮」，李樗的
釋意都難以服人，用樸學考證的方法來看，可謂全然不通，反

---

72 《四庫提要》：「《詩序》之說，紛如聚訟。……自元明以至今日，越數百
　　年，儒者尚各分左右袒也，豈非說經之家第一爭詬之端乎？」《四庫全書
　　總目》，第 1 冊，卷 15，頁 331：3a。
73 《毛詩李黃集解》，卷 12，頁 248：14a。
74 關於「閑閑」、「泄泄」的解釋，詳〔清〕胡承珙著，郭全芝點校：《毛詩
　　後箋》（合肥：黃山書社，1999 年 8 月），上冊，頁 497-498。此外，王先
　　謙的解釋與胡氏相近，見〔清〕王先謙著，吳格點校：《詩三家義集疏》（臺
　　北：明文書局，1988 年 10 月），上冊，卷 7，頁 407。

而毛公、鄭玄之訓解較能洽合詩意，疏通詩旨。「猶」若解作與「繇」通，則毛公之意為兄弟之間「無相責以善」，必須相責以道，因為「責善，朋友之道，自非兄弟所宜」；若從古音通假的關係看，則鄭玄「瘉」之訓也有可取之處，「瘉」與「猶」古音同，乃詬病之意，與上一句「式相好矣」一勸一戒，其意明白直通，勝於「圖謀」之意。[75]「閦」與「容」雙聲，本可通用，或者以「閦」為「說」之借字，此皆與《毛傳》、鄭《箋》的解釋同，指我身尚不能「自容」。[76]「鮮民」之「鮮」猶言「孤子」，「孤」、「寡」一聲之轉，因為無父，所以生於世上常有不如死矣之念，與下句「無父何怙，無母何恃」意通，亦與詩意「人民勞苦，孝子不得終養」相連。[77]

　　無疑的，以上數諸例而言，清儒的訓詁確實有後來居上的表現，不過，一時代有一時代的學術特質，此處的較短量長，意不在鄙夷宋儒之訓釋成果，而是藉此反思一個問題，即宋儒善於由整體意旨來評定、訓解部分的字詞意義，以此推翻漢儒古說，確實不難，但訓詁成果的優劣實與新舊無關，宋儒解讀

---

75 案：「猶」解作與「繇」相通之說，詳〔清〕胡承珙：《毛詩後箋》，下冊，頁 915-916。解作與「瘉」通，詳〔清〕陳啟源：《毛詩稽古編》，影印《文淵閣四庫全書》，第 85 冊，卷 12，頁 502：22a-22b。

76 解「閦」與「容」雙聲通用，詳〔清〕馬瑞辰著，陳金生點校：《毛詩傳箋通釋》（北京：中華書局，1992 年 2 月），上冊，卷 4，頁 135；〔清〕陳奐：《詩毛氏傳疏》（臺北：臺灣商務印書館，1968 年 6 月），第 1 冊，卷 3，頁 71。說「閦」為「說」之借字，詳〔清〕王先謙：《詩三家義集疏》，上冊，卷 3 上，頁 175。

77 多位清代學者指出，「鮮」與「寡」通，毛公之解並無不妥。詳〔清〕胡承珙：《毛詩後箋》，下冊，卷 20，頁 1037；〔清〕馬瑞辰：《毛詩傳箋通釋》，中冊，卷 21，頁 669；〔清〕陳奐：《詩毛氏傳疏》，第 5 冊，卷 20，頁 3。

古典的推陳出新，堪稱為一個鮮明的時代特色，然而是否能取
得後世研究者的認同，必須分別看待，同樣的，部分清儒有「凡
漢皆好」的既定思維，[78]這也是個人或學派的成見，都必須在學
術史上接受後人的檢審。

第五節　結　語

　　《詩經》學的發展至北宋出現了革命性的變化，代表古文
派漢學最高成就的《詩序》、《毛傳》、鄭《箋》不斷遭到學者的
質疑，其中尤以歐陽修、王安石、程頤、蘇轍等人的學術觀點
最受矚目。這些儒者的解經概念與成果，在部分今人看來可能
仍嫌保守，但在當時已可謂為最富創新精神的一群。

　　宋室南遷之後，北宋諸儒的解經意見開始接受研《詩》之
士的檢驗與運用。出現於南宋最早期的《毛詩李黃集解》，雖其
著作旨趣不同於傳統的集解著作，但集解性質相當明顯，透過
此書，後人可以看到北宋新派解《詩》學者在南宋初年的影響
力與認同度。

　　李樗之作原名《毛詩詳解》，黃櫄之書本稱《詩解》，詳備
的特色在二書皆可見著，二人徵引北宋儒者之《詩》說，其現
象與數據已見前述，本文後附「《毛詩李黃集解》引用北宋諸儒
之說統計表」，可備一覽。

　　從附表五、六觀之，黃櫄對於北宋儒者的《詩》論不感興

---

78 「凡漢皆好」為梁啟超（1873-1929）評論清儒惠棟語，詳梁啟超：《中國
　近三百年學術史》（臺北：華正書局，1974年10月），頁199。

趣,對於歐陽修、蘇轍的解《詩》意見,基本上也是抱持否定的態度,那是因為黃氏的《詩序》觀與歐、蘇頗有出入,[79]故亦無足為異。其餘相關數據因為量少之故,不需作出過多的聯想。

在李樗方面,其在 272 篇中曾引用北宋學者之說以進行論述,數量最多的是王安石,高達 409 次,遠遠超過了排於二至四名的蘇轍(241 次)、歐陽修(209 次)與程頤(107 次),雖然引述王說的目的旨在批判,但隨著《詩經新義》的亡佚,後人要輯出王安石的《詩》說,《毛詩李黃集解》成為重要的取資來源,這是李樗在《詩經》學史上的一大貢獻,當然,對於李樗而言,這是不虞之譽。

此外,李樗引述歐陽修的解《詩》意見,不僅量多,同意其見解之比率也接近七成,此一支持率在所引北宋諸儒中為最高,可見歐陽修在南宋儒者心目中的分量非比尋常,在考慮到後起者蘇轍,以及南宋鄭樵、朱熹色彩鮮明的《詩》學主張,「都是在受歐陽修《詩本義》的影響之下的產品」,[80]就不能不同意歐陽修在《詩經》研究史上的絕高地位了。[81]

整體而言,北宋諸儒的《詩經》新解在南宋初年《毛詩李黃集解》的引述中,詩旨的新說被刻意輕忽,字詞訓釋的翻新

---

79 詳拙文:〈尊《序》?反《序》?——析論《毛詩李黃集解》的解《詩》立場〉,《臺大文史哲學報》第 76 期,頁 14-17。

80 引文為裴普賢語,裴氏並云:「錢大昕說:『歐陽永叔解「吉士誘之」為挑誘,後世遂有詆〈召南〉為淫奔而欲刪之者。』則更以王柏刪淫詩的主張,也由歐公啟其端。查《詩本義》確有『其卒章遂道其淫奔之狀』語,則王柏要刪此詩,也可說受歐公此語的影響了。」《歐陽修詩本義研究》,頁 98。

81 車行健:「歐陽修……以具體的作為與表現引領著當時政治、學術與文化風氣之走向,堪稱北宋中期的領袖人物。在經學方面,歐陽修於《詩本義》一書中自覺地擺脫漢、唐注疏的羈絆,倡導對經文進行獨立的省思,於宋代經學學風的塑造實扮演著承先啟後的關鍵角色。」《詩本義析論》(臺北:里仁書局,2002 年 2 月),頁 43。

則受到某種程度的重視，由此可以得知，長期以來，《詩序》的
以《詩》說教方式已經深入人心，內容的細節容或不能盡如人
意，但若僅因此就想顛覆《詩序》的存在價值，勢必會引起士
子的疑慮，至於《毛傳》與鄭《箋》，固然也是傳統《詩經》學
的重要成分，但宋儒的確是較有勇氣否決其說的。[82]當然，清儒
的經典訓詁較諸宋儒有更為細膩的展現，這使得宋儒的《詩經》
新訓釋也備受考驗。

---

82 案：宋儒勇於推翻毛、鄭之解，可謂普遍之現象，即以南宋篤守《詩序》
　　而作有《詩補傳》的范處義而言，其「補傳」與其說是補毛公的《傳》，
　　不如說他重新作《傳》，不像孔穎達的《正義》，疏解的對象還得包括鄭
　　《箋》，范處義是連原始《毛傳》都可以擱置在一旁，遑論鄭《箋》？當
　　然更加可以忽略孔《疏》。詳拙著：《范處義詩補傳與王質詩總聞比較研究》
　　（臺北：文津出版社，2009 年 2 月），頁 18-27。

附　錄

《毛詩李黃集解》引用北宋諸儒（含時代橫跨南北宋之儒者）之說統計表

附表一：李樗引用北宋諸儒之說認同比率表

	國風		小雅		大雅		頌	
	肯定	否定	肯定	否定	肯定	否定	肯定	否定
歐陽修	73	31	41	22	16	8	13	4
王安石	51	146	32	76	22	29	16	32
程　頤	53	27	15	6	2	3	0	0
蘇　轍	54	43	43	31	26	9	21	8
楊　時	18	2	3	0	1	0	2	0
張　載	5	3	2	0	0	0	2	0
陳鵬飛	2	0	5	0	5	2	2	0
徐安道	1	2	3	3			1	1
徐　氏	3	0						
鄭　樵	0	1						
劉　氏	2	0						
邵　氏	0	1						
黃魯直	3	1						
呂吉甫	1	1						
胡文定	1	0						

張 氏	1	0						
劉內翰	1	0						
沈內翰	2	0						
段 氏	1	0						
陸 氏	1	0						
沈 羲	2	0						
馬 氏	1	0						
沈存中			1	0				
蘇 洵			1	0				
李祭酒			1	0				
蘇 軾					1	0	1	0
曾南豐					1	0		
司馬光					1	0		
李君弼							1	0
趙先生							1	0
范祖禹							1	0
范純仁							1	0
張文潛							0	4

案：李樗尚有少部分對北宋諸儒說法不置可否的，包括：

〈國風〉：王安石 5；二程 1；蘇轍 3；徐安道 2。

〈小雅〉：歐陽修 1；蘇轍 2；張載 1；鄭樵 1；徐安道 1。

〈頌〉：蘇轍 1；張載 1。

附表二：李樗「有文無引」篇目表

國風	小雅	大雅	頌	總計
〈邶風・凱風〉、〈衛風・河廣〉、〈伯兮〉、〈王風・君子于役〉、〈鄭風・蘀兮〉、〈風雨〉、〈揚之水〉、〈出其東門〉、〈溱洧〉、〈齊風・盧令〉、〈載驅〉、〈猗嗟〉、〈秦風・小戎〉、〈渭陽〉、〈曹風・下泉〉	〈魚麗〉、〈祈父〉、〈裳裳者華〉、〈魚藻〉、〈都人士〉、〈黍苗〉、〈白華〉、〈緜蠻〉、〈瓠葉〉	〈假樂〉、〈常武〉	〈周頌・武〉、〈閔予小子〉、〈小毖〉、〈絲衣〉、〈桓〉、〈賚〉、〈般〉	
15	9	2	7	33

附表三：李樗對王安石等主要引用人之意見認同比率表

	十五國風		二雅		三頌		總合	
	肯定	否定	肯定	否定	肯定	否定	肯定	否定
王安石	51	146	54	105	16	32	121	283
％	25.88	74.11	33.96	66.03	33.33	66.66	29.95	70.04
蘇　轍	54	43	69	40	21	8	144	91
％	55.67	44.32	63.30	36.69	72.41	27.58	61.27	38.72
歐陽修	73	31	57	30	13	4	143	65
％	70.19	29.8	65.51	34.48	76.47	23.52	68.75	31.25
程　頤	53	27	17	9	0	0	70	36
％	66.25	33.75	65.38	34.61	0	0	66.03	33.96
楊　時	18	2	4	0	2	0	24	2
％	90	10	100		100		92.3	7.69
陳鵬飛	2	0	10	2	2	0	14	2
％	100		83.33	16.66	100		87.5	12.5
張　載	5	3	2	0	2	0	9	3

	%	62.5	37.5	100		100		75	25
	徐安道	1	2	3	3	1	1	5	6
	%	33.33	66.66	50	50	50	50	45.45	54.54

附表四：黃櫄引用北宋諸儒論詩篇目表

國風	小雅	大雅	頌	總計
〈周南·關雎〉、〈葛覃〉、〈卷耳〉、〈樛木〉、〈兔罝〉、〈芣苢〉、〈漢廣〉、〈汝墳〉、〈麟之趾〉、〈召南·鵲巢〉、〈采蘋〉、〈殷其靁〉、〈摽有梅〉、〈野有死麕〉、〈何彼襛矣〉、〈邶風·燕燕〉、〈終風〉、〈式微〉、〈靜女〉、〈新臺〉、〈王風·兔爰〉、〈丘中有麻〉、〈鄭風·大叔于田〉、〈狡童〉、〈魏·葛屨〉、〈秦風·蒹葭〉、〈豳·七月〉	〈南有嘉魚〉、〈蓼蕭〉、〈鴻雁〉	〈生民〉、〈行葦〉、〈既醉〉、〈卷阿〉、〈蕩〉、〈抑〉、〈韓奕〉	〈周頌·清廟〉、〈臣工〉、〈豐年〉、〈潛〉、〈雝〉、〈載見〉、〈訪落〉、〈桓〉、〈魯頌·閟宮〉	
27	3	7	9	46

附表五：黃櫄引用北宋諸儒接受表

	國風		小雅		大雅		頌	
	肯定	否定	肯定	否定	肯定	否定	肯定	否定
王安石	2	1			0	1	0	1
程　頤	2	2						
歐陽修	1	13			1	1	0	1
陳鵬飛	5	6	1	0	1	2	1	2

蘇轍	2	3			1	2	1	4
鄭樵	0	1						
張載	0	1						
黃太史	1	0						
呂吉甫	1	0						
胡先生	1	0						
司馬光	2	0						
蘇軾			1	0				
張右史							1	0

附表六：黃櫄對歐陽修等主要引用人之意見認同比率表

	十五國風		二雅		三頌		總合	
	肯定	否定	肯定	否定	肯定	否定	肯定	否定
歐陽修	1	13	1	1	0	1	2	15
%	7.14	92.85	50	50	0	100	11.76	88.23
陳鵬飛	5	6	2	2	1	2	8	10
%	45.45	54.54	50	50	33.33	66.66	44.44	55.55
蘇轍	2	3	1	2	1	4	4	9
%	40	60	33.33	66.66	20	80	30.76	69.23
王安石	2	1	0	1	0	1	2	3
%	66.66	33.33		100		100	40	60
程頤	2	2					2	2
%	50	50					50	50

附表七：李樗對北宋諸儒解說《詩序》意見接受表

〈周南・關雎〉	程頤（正）、楊時（正）	說《序》之「淑女」為后妃，非「眾妾」，可從。卷1，頁30：56b。
	張載（正）、楊時（正）	說《序》「在父母家」為歸寧之時，可從。卷2，頁35：1b-36：2a。
〈桃夭〉	王安石（反）、楊時（正）	王氏以為政治明則婚姻正，龜山反對此說，以為非緣政治，乃教化所致。卷2，頁48：27b-49：28a。
〈兔罝〉	王安石（反）	對於《序》「莫不好德」的解釋過於牽強。卷2，頁51：32a。
〈芣苢〉	程頤（正）	諸家解《序》之「和平」為天下和平，程氏解為室家和平，可從。卷2，頁53：36b-37a。
〈麟趾〉	劉氏（正）	解《序》「應」為效，非瑞應，可從。卷2，頁61：53a。
〈召南・鵲巢〉	歐陽修（正）	說明鳩的種類繁多，可從。卷3，頁64：1b。
〈羔羊〉	王安石（反）	王氏以為〈召南〉為賢人之作、諸侯之風，故云文王亦有慶賞刑威之教，非獨躬行之教。李樗駁之以孔子言，謂為政當從己身之正做起。卷3，頁77：27b-78：28a。
〈小星〉	王安石（反）	「泥於〈周南〉、〈召南〉之別，解《序》文之意為「言惠而不及於仁，言行而不及於德」，「鑿也」。卷3，頁84：40a。
〈江有汜〉	程頤（正）	解說《序》文嫡自悔之意為「不以媵備嫡妾

		之數而侍君」，可從。卷3，頁85：43b。
〈騶虞〉	歐陽修（反）、劉氏（正）	歐陽修依賈誼之說，謂「騶者，文王之囿名。虞者。囿之司獸也。」李樗以其說為不然，「所謂『于嗟乎騶虞』，蓋如〈麟趾〉『于嗟麟兮』。」今此詩言「壹發五豝」，而後言「于嗟乎騶虞」，以見其仁心如騶虞也。卷4，頁95：9a-b。劉氏解《序》之「應」為效應，可接受；卷4，頁96：10a。
〈邶風・匏有苦葉〉	歐陽修（正）	毛公解《序》之「夫人」為「夷姜」，歐陽修為之解說，以「夷姜」為宣公父之妾，可從。卷5，頁114：5b。
〈旄丘〉	蘇轍（正）	解說衛與黎國當時之政治背景，可從。卷5，頁122：20b-21a。
〈鄘風・牆有茨〉	王安石（反）、楊時（正）	王氏曰：「當是時，惠公幼，故刺其上也。」李樗引楊時：「言衛人化其上，故淫風大行，公子頑之惡，國人雖疾之而不可道。《序》言刺其上者，蓋推本而言之，非謂惠公之幼也。」卷6，頁142：22a-b。
〈載馳〉	蘇轍（正）	解說許大夫之弔唁衛國，可從。卷7，頁159：20a。
〈鄭風・清人〉	王安石（正）	解釋《詩序》所言之詩旨，可從。卷10，頁204：1b。
〈有女同車〉	歐陽修（反）	解說詩旨，不見《序》「推原」之說。卷10，頁211：14a。

〈唐風·蟋蟀〉	楊時（正）	據《序》所言，闡論本詩意旨，「此說得之」。卷12，頁253：25a-b。
〈小雅·黃鳥〉	王安石（正）、蘇轍（正）	「〈黃鳥〉之詩無〈序〉，說者不同。毛氏則以為室家相去之詩，王氏、蘇氏則以為賢者不得志而去之詩」，當從其說，卷22，頁437：26b。（案：所謂〈黃鳥〉之詩無〈序〉，意指其詩無「後序」）
〈我行其野〉	蘇轍（反）、王安石（反）	李樗引述鄭玄、蘇轍、王安石之說詩旨，云：「以詩中文意反覆而玫之，鄭氏之說為長。」卷22，頁438：28b-29a。
〈節南山〉	歐陽修（反）	《序》說此詩為家父所作，歐陽修置疑，李樗以詩之末句證《序》說有據。卷23，頁448：16a。
〈十月之交〉	蘇轍（反）	鄭玄不用毛公「刺幽王」之說，以為刺厲王，蘇氏駁斥鄭氏之言，但又說本詩與下面三詩皆言「大夫」，「疑一人所作」，此說非也，當從毛公。卷24，頁458：2a-459：3a。
〈雨無正〉	徐安道（反）	解篇名「雨無正」之由，失之「附會」，然而《序》云：「雨自上而下者也，眾多如雨而非所以為政」，亦誤，「其文不貫」、「其意皆不見」。卷24，頁462：10a。
〈鼓鍾〉	歐陽修（中）、張載（正）	歐陽修不以此詩為刺幽王之作，因史書並未提及幽王東巡之事；張載從另一角度解釋，可從。卷26，頁498：26b。

〈桑扈〉	李祭酒（正）	此詩「徒見稱美古人之德，安知其為刺詩？」李氏以為「太師曉其作意，知其本情」，此說為善。卷27，頁514：28a。
〈采綠〉	蘇轍（反）	與鄭玄解《詩序》「怨曠」二字，「皆會錯作詩者之意」。卷29，頁533：4b。
〈大雅・文王〉	蘇轍（反）、蘇軾（正）	小蘇以為本詩乃文王受命稱王之作，「會錯作詩者之意」。卷30，頁546：3b。東坡辯文王未嘗自稱王，可從。卷30，頁546：3b-547：4a。
〈思齊〉	王安石（反）	解《序》文王「所以聖者」之意，「非也」。卷31，頁567：5a。
〈蕩〉	歐陽修（反）	李樗以為，「〈蕩・序〉有可疑者」，因《序》文與詩文不相干，歐陽修解篇名「蕩」，「只為作《序》者求合於詩之句」卷34，頁641：2a-b。
	歐陽修（正）	解《序》之「傷」與「刺」的不同，可從。卷34，頁643：7b。
〈崧高〉	王安石（正）	解釋詩明言「吉甫作誦」，而《序》卻以為「美宣王」之因，可從。卷35，頁671：15b-672：16a。
〈周頌・昊天有成命〉	蘇轍（反）、李君弼（正）、蘇軾（正）	蘇轍以為本詩為祀天之禮，李君弼、蘇軾皆以為古時祀天並祀地，不分開祭祀，二氏之說可從。卷37，頁719：26a。（案：依體例可知此為李樗之解，四庫本誤書為「黃曰」，形成有兩「黃曰」，《通志堂經解》本則無此誤，見〔清〕徐乾學輯：《通志堂經解》〔揚州：江蘇廣陵古籍刻印社，1996年3月〕，第7冊，頁491）
〈我將〉	蘇轍（反）、	蘇轍信鄭玄之說，將「郊」祭與「禘」祭混

	趙先生（正）	在一起。卷37，頁720：29a。趙先生駁鄭玄之論，其說可從。卷37，頁720：29b。
〈時邁〉	范祖禹（正）、范純仁（正）	二氏說古無天子巡守封禪之禮，可從。卷37，頁722：33a。
〈豐年〉	蘇轍（反）、王安石（正）徐安（正）、陳鵬飛（正）	「報」祭之解釋，鄭玄、蘇轍之說不如王氏。卷38，頁739：15a-15b。根據徐安道、陳鵬飛之說，更可確認「王氏之說所以為長也」。卷38，頁739：15b。
〈有瞽〉	蘇轍（正）、張載（正）	二氏解《序》「始作樂」之意，可從。卷38，頁741：18a。
〈潛〉	王安石（反）	說《序》文之「薦」與「獻」的不同，「不必如此分別也」。卷38，頁743：23a。
〈雝〉	王安石（正）	鄭玄解《序》「禘大祖」為祭文王，當從王氏「禘帝嚳」之說。卷38，頁744：25b。
〈酌〉	張載（正）	說大武之樂舞，可從。卷39，頁767：31b。
〈魯頌・駉〉	蘇轍（正）	質疑魯之有「頌」，可從。卷40，頁775：10a。
〈商頌・玄鳥〉	王安石（反）	王氏說《詩序》大意，「未必全是」。卷42，頁805：7a。
〈長發〉	王安石（正）	論周無四時之禘，商則有之，「此說得之」。卷42，頁807：12b。

第五章　結　論

　　《毛詩李黃集解》並非《詩經》學史上的名著，故長期以來亦未能得到研究者的關注，不過，章學誠（1738-1801）「六經皆史」的觀點與二十世紀晚期「後現代主義」（Postmodernism）的主張，都讓我們知道，學術史或學術理論的研究雖然多元，但從某方面來說始終與「歷史」脫離不了關係。就《詩經》詮釋之歷史而言，《毛詩李黃集解》大概就僅能居於主流之外的「他者」（the Other）之地位，但是透過本書各文的研究，可以發現此一「二線」文本自有其個別性與特殊性，在《詩經》學史上當然也就有其存在之意義。

　　本書前已數次提到古代目錄型著作對於《毛詩李黃集解》之意見，為了內容可以完整呈現，茲將最重要之二家列之於此。

　　首先是宋代陳振孫（1179-1262）的《直齋書錄解題》，此書僅著錄李樗的《毛詩詳解》三十六卷，不著錄黃櫄之作，全文雖僅五十一字，但卻成為後人評論李樗著作最常引用的文字：「《毛詩詳解》三十六卷，長樂李樗迂仲撰。博取諸家說，訓釋名物文意，末用己意為論以斷之。樗，閩之名儒，於林少穎為外兄。林，李出也。」[1]

　　其次，《四庫全書總目提要》著錄「《毛詩集解》四十二卷

---

1 〔宋〕陳振孫：《直齋書錄解題》（臺北：廣文書局，1979 年 5 月），上冊，卷 2，頁 15，總頁 99-100。

（內府藏本）」，云：「不著編錄人名氏。集宋李樗、黃櫄兩家《詩》解為一編，而附以李泳所訂呂祖謙《釋音》。樗字若林，閩縣人。嘗領鄉貢。著《毛詩詳解》三十六卷。櫄字實夫，龍溪人。淳熙中以舍選入對，升進士兩科。調南劍州教授，終宣教郎。著《詩解》二十卷，《總論》一卷。泳字深卿，始末未詳，與樗、櫄皆閩人。疑是書為建陽書肆所合編也。樗為林之奇外兄（見《書錄解題》），又為呂本中門人（見何喬遠《閩書》），其學問具有淵源。《書錄解題》稱其書博取諸家訓釋名物文義，末用己意為論斷。今觀櫄解，體例亦同。似乎相繼而作，而稍稍補苴其罅漏。不相攻擊，亦不相附合。如論《詩序》，樗取蘇轍之說，以為毛公作而衛宏續。櫄則用王安石、程子之說，以為非聖人不能作。所見迥為不同。其學雖似少亞於樗，而其說實足以相輔。編是書者惟音釋取呂祖謙，而訓釋之文則置《讀詩記》而取樗、櫄。殆亦以二書相續，如驂有靳，故不欲參以他說歟？」[2]以李樗字若林，當屬訛傳之說，本書前已論述，茲不贅。

　　在近人論著方面，給予《毛詩李黃集解》最多觀照的是戴維（1965-2011）的《詩經研究史》。戴氏首先強調，「在福建一地，有呂本中的兩個學生李樗、黃櫄，於《詩經》都有著述，但一尊《序》一反《序》，後人卻將兩人的著述合編成《毛詩集解》四十二卷，並附以李泳所訂呂祖謙《釋音》。李黃著述的原本早佚，而合編的《毛詩集解》卻傳了下來」，[3]李黃二氏「一尊

2　〔清〕紀昀等：《四庫全書總目》（臺北：藝文印書館，1974 年 10 月），第 1 冊，卷 15，頁 337：15b-16a。
3　戴維：《詩經研究史》（長沙：湖南教育出版社，2001 年 9 月），頁 396。

《序》一反《序》」之說與實情不合,正如本書於〈尊《序》?
反《序》?──析論《毛詩李黃集解》的解《詩》立場〉之章
所言,「或許是受了北宋新派學者的影響,李樗在書中有幾處對
於《詩序》提出較為直接的批判,而卷前『毛詩綱目』中又僅
列出『首序』,以是而讓今之研究者誤以其為反《序》派的人物。
至於黃櫄則為一位徹底支持傳統解釋的《詩經》學家,其保守
程度更在李氏之上」,所以吾人面對戴氏所謂李黃「一尊《序》
一反《序》」之說,不必貿然相信。

　　接著,戴氏簡單介紹了李黃二人之生平及其著作之體例:
「李樗,字若林,又字迂仲,號迂齋,侯官人,與兄李楠同師
事呂本中,有名於閩,與大儒林之奇為姑表兄弟。李樗著有《毛
詩詳解》三十六卷,《宋志》作四十六卷。李樗本屬伊洛之學的
傳人,但他的《詩經》學卻與程氏尊《序》不同。《直齋書錄解
題》說:『博取諸家說,訓釋名物文意,末用己意為論以斷之。』
《毛詩集解》雖割裂《詳解》,但陳振孫所說的體例仍然可見。
黃櫄,字實夫,龍溪人,與著《禮記解》的黃樵仲為兄弟。淳
熙中以舍選入對升進士丙科,歷官南劍州教授、宣教郎等職,
著《詩解》二十卷,《總論》一卷,體例與李樗《詳解》相同。」
[4]李樗字若林之誤說實已根深蒂固,由此可見一斑。

　　戴維又云:「李樗屬於廢《序》派,而黃櫄屬於尊《序》者,
李書早於黃書著成。由於兩人都是閩人,又為講學之侶（黃櫄
兼傳陸學）,黃櫄對於李樗的觀點並不進行駁難,表現出尊重的
態度。《集解》應該也是閩人出於鄉邦意識,將李樗《詳解》與

---

4 《詩經研究史》,頁 396。

黃櫄《詩解》割裂編合而成,並且從內容上看,黃書對李書也確實有相承而作的關係。兩書的內容基本上在《集解》中都得到保存,只黃與李相同處用『黃講同』代替。黃書也許是一種以李書為底本的講義性質的著述,《集解》中很多地方稱『黃講』,或者黃櫄《詩解》有另一個帶『講』字的名字。」[5]「反《序》」與「廢《序》」意義並不完全相同,透過本書的研究,可知李樗連「反《序》」都稱不上,何況歸其為「廢《序》派」?也由於戴維認定李樗是一位反《序》乃至廢《序》者,而黃櫄則立場恰恰相反,所以他又比較了二人的《詩序》論,並且予以評騭:「對於《詩序》,李樗較偏重於廢《序》。他通過對比諸家觀點,最後贊同蘇轍的說法,他說:『此說深得之,蓋自漢以來,為《詩》解者有四家,齊、魯、毛、韓,皆以傳授不同,故其說不一也。』黃櫄較接近於尊《序》,所以對李樗的觀點提出不同的看法:『迂仲以蘇之說為當且盡,王程近世大儒也,而又以為非漢儒之所能為。竊嘗合是說之不一而一之於吾心,以為王程之說與吾心合而於〈大序〉亦合。夫〈大序〉之文,溫厚純粹,有〈繫辭〉氣象,彼漢儒者疇能及此哉?』黃櫄說的一之於吾心,其實就是陸派的哲學思想。黃櫄以為對於《詩序》的作者,他贊同王安石、程頤的說法,與李樗同意蘇轍首句的說法不同,黃櫄與程頤的看法又稍微不同,他不同意程頤認為〈大序〉是孔子所作的說法,因為孔子決不會作出『言辭重複,前後失倫』的〈大序〉這樣的文字,但他又非常相信〈大序〉,於是只得曲為解釋〈大序〉重複失倫的毛病:『意者,吾夫子反魯刪詩之際,與門

---

5 《詩經研究史》,頁 396。

人弟子所以論《詩》者如此，而門人弟子若子夏之徒，集夫子
之言而冠於三百篇之首云耳。』〈大序〉是孔子的門徒集孔子平
時所說《詩》，而冠於《詩》首，既是門人所記所集，當然會出
現語句重複失倫的毛病。黃櫄的這一解釋似入情合理，但他忘
記了一件事，即〈大序〉中的情事，與孔子之時不合，且《論
語》《禮記》中孔子論《詩》的語句，並未出現在〈大序〉中。
最後，黃櫄下結論說：『〈小序〉，國史之舊題，〈大序〉，記夫子
之言而非夫子之所作也，其餘〈小序〉，則漢儒之說或雜其間。』
對於六亡詩，李樗說：『六篇皆以秦火之後而亡其辭，其辭既亡，
則其義不可得而知，毛氏今於〈南陔〉則曰「孝子相戒以養。」……
皆是意度之耳。』他還引鄭樵攻《序》之言以為據，而黃櫄則
執不同意見：『此三篇（指〈南陔〉、〈白華〉、〈華黍〉）詩已經
秦火煨燼而亡其辭。辭雖亡而義不可亡，則三篇亦可想而見也。』
認為《毛序》對這三篇的敘說並非意度，是可遵信的。」[6]李樗
對於《詩序》提出了一些反對的意見，都被戴維較為集中地看
待，因而其結論如下：「李樗與黃櫄在《詩序》方面的觀點，反
映了尊《序》與廢《序》兩派的鬥爭，由於黃櫄對李樗十分尊
敬，言辭用語多所留心，尊《序》與廢《序》的鬥爭相對被淡
化。又由於出於鄉邦意識，兩者彙集在一本書中，形成一種奇
妙的結合。李黃兩者的觀點大多摭拾前人成意，並無多少新解。
正由於這種奇妙的結合，《毛詩集解》倒顯得別出新意，另有一
番滋味，這是彙編者所意料不及的。」[7]由於李樗不存反《序》
之心，更無廢《序》之意，所以《毛詩李黃集解》其實無法反

---

6 《詩經研究史》，頁 396-398。
7 《詩經研究史》，頁 398。

映出南北宋之際尊《序》與廢《序》兩派的鬥爭，這與黃櫄尊敬李樗而導致尊《序》與廢《序》的鬥爭被淡化無關，此外，戴氏「李黃兩者的觀點大多撦拾前人成意，並無多少新解」之論斷，亦缺乏實證，不足憑信。

　　本書重點之章原發表於《臺大文史哲學報》、《臺大中文學報》等期刊，各篇都有「結語」以收束全文，合而觀之即為本書之結論，而目前的國學學術性期刊又要求論文皆需附上摘要，茲將本書二、三、四章之摘要集中於此，以利讀者可以較有效率地獲悉全書之重點。

一，〈尊《序》？反《序》？──析論《毛詩李黃集解》的解《詩》立場〉：

　　「《詩經》學發展至北宋，解《詩》的觀點出現突破性的進展，其中尤以歐陽修、王安石、蘇轍的表現最受後人注意。不過，透過李樗、黃櫄的《毛詩李黃集解》，我們可以發現，南宋之初的《詩經》集解體著作，收錄前輩學者之說，未必有喜新厭舊的現象。

　　目前學者言及《毛詩李黃集解》，主要是透過《直齋書錄解題》、《四庫全書總目提要》等目錄學專著，而給予印象式的評價。較新的研究成果則呈現兩種截然不同的結論：一謂《毛詩李黃集解》嚴守《詩序》，二謂李樗屬於『廢《序》派』，黃櫄屬於『尊《序》派』。本文全面觀察李樗、黃櫄對於《詩序》的意見，精細檢視《毛詩李黃集解》對於《詩序》的依違程度，以確認李、黃二人的解《詩》立場，從中可以實際認識到北宋時代反《序》風潮在南宋早期集解著作中的影響程度，進而作

出較為細膩的結論：李樗少量地批判了一些《序》說，黃櫄則
仍然回到傳統的行列。」

二，〈《毛詩李黃集解》探研──以書寫體例與解釋方法 為考察中心〉：

「李樗的《毛詩詳解》與黃櫄的《詩解》原本各自成書，
前者採集解體式，後者可說是『論說』與『集解』的綜合體，
兩書在整合為《毛詩李黃集解》之後，在編纂體例、內容陳述
與訓解字詞等方面，無不出現特異的風貌。

《毛詩李黃集解》可以讓我們看到南宋早期的學者對傳統
《詩》解與北宋新說的整理與評論，在《詩經》學史上有其意
義，但由於此書為二書的合體，故本文將李樗與黃櫄各自的經
解文本進行分離論述，以合編本的特殊體例、雙方原作的書寫
體式與解經方法為中心，尋繹其特質，比較其異同，以為兩書
合編之緣由尋找內在解釋。

根據本文的研究，《毛詩李黃集解》的體例設計，讓李樗成
為主要角色，黃櫄只具搭配性質，然而，黃櫄在書中也展現了
批評的力道，故其分量亦不容輕忽，至於解《詩》方法則二人
同中有異，而黃櫄的方法論比李樗更為周詳、細膩，故黃櫄在
《李黃集解》中的重要性實可與李樗等量齊觀。此外，本研究
也發現，北宋新派《詩經》學家的影響力，在南宋早期仍然不
能過度高估，事實上，必須等到新版《詩集傳》完成，且透過
朱門子弟大力宣揚之後，南宋新派《詩經》學才能充分顯現出
其實力。」

三,〈析論《毛詩李黃集解》對北宋《詩》解的取捨現象——以李樗為主的考察〉:

「東漢末年,古文《毛詩》系統有了鄭《箋》的加入,聲勢逐漸凌駕今文三家《詩》。在三家《詩》先後消亡之後,讀者要想全面理解三百篇,《詩序》、《毛傳》、鄭《箋》成為唯一的組合,這種獨尊現象到唐儒孔穎達奉敕修纂《五經正義》時達到顛峰。進入宋朝,儒者對於《毛詩》系統的表現並不滿意,歐陽修、王安石、蘇轍⋯⋯等人的《詩經》學都可見到濃厚的創新色彩。隨著宋室的南遷,北宋儒者的《詩》學新說也開始受到南宋學者的檢驗,這是學術史上的正常發展。

南宋早期,李樗有《毛詩詳解》,黃櫄有《詩解》,其後二人之作被整併為《毛詩李黃集解》一書,書中不時引述北宋儒者《詩經》新釋,尤以李樗為然。本文以《毛詩李黃集解》為觀察對象,透過統計以見其取捨決奪實況,又因黃櫄的《詩》論在《毛詩李黃集解》中有明顯的闕漏刪汰現象,現存徵引前輩之說的數量不夠多,故本文將焦點聚於李樗身上,通過數據資訊與內容呈現,分析、解讀其徵引北宋儒者新說的意義。」

徵引文獻

一、傳統文獻

〔周〕慎到：《慎子》，上海：商務印書館，1937 年 6 月，《叢書集成初編》據《粵雅堂叢書》本排印。

〔漢〕毛亨傳，〔漢〕鄭玄箋，〔唐〕孔穎達疏：《毛詩正義》，收於《重刊宋本十三經注疏附校勘記》第 2 冊，臺北：藝文印書館，1976 年 5 月。

〔漢〕班固著，〔唐〕顏師古注：《漢書》，北京：中華書局，1964 年 11 月。

〔漢〕趙岐注，（舊題）〔宋〕孫奭疏：《孟子注疏》，收於《重刊宋本十三經注疏附校勘記》第 8 冊，臺北：藝文印書館，1976 年 5 月。

〔魏〕何晏集解，〔南朝・梁〕皇侃義疏：《論語集解義疏》，臺北：廣文書局，1977 年 7 月。

〔唐〕成伯璵：《毛詩指說》，影印《文淵閣四庫全書》第 70 冊，臺北：臺灣商務印書館，1983 年 8 月。

〔宋〕歐陽修：《詩本義》，影印《文淵閣四庫全書》第 70 冊，臺北：臺灣商務印書館，1983 年 8 月。

〔宋〕歐陽修著，李逸安點校：《歐陽修全集》，北京：中華書局，2001 年 3 月。

〔宋〕王安石著，李之亮箋注：《王荊公文集箋注》，成都：巴蜀書社，2005 年 4 月。

〔宋〕王安石著，邱漢生輯校：《詩義鉤沉》，北京：中華書局，1982 年 9 月。

〔宋〕程顥、程頤著，王孝魚點校：《二程集》，北京：中華書局，1981 年 7 月。

〔宋〕蘇轍：《詩集傳》，影印《文淵閣四庫全書》第 70 冊，臺北：臺灣商務印書館，1983 年 8 月。

〔宋〕蘇轍著，陳宏天、高秀芳點校：《蘇轍集》，北京：中華書局，1990 年 8 月。

〔宋〕李樗、黃櫄：《毛詩李黃集解》，影印《文淵閣四庫全書》第 71 冊，臺北：臺灣商務印書館，1983 年 8 月。

〔宋〕李樗、黃櫄：《毛詩集解》，《文津閣四庫全書》第 65 冊，北京：商務印書館，2006 年 1 月。

〔宋〕李樗、黃櫄：《李迂仲黃實夫毛詩集解》，《通志堂經解》第 16 冊，臺北：漢京文化事業公司，出版社未註明出版時間（約 1980 年）。

〔宋〕李樗、黃櫄：《毛詩李黃集解》，〔清〕徐乾學輯：《通志堂經解》第 7 冊，揚州：江蘇廣陵古籍刻印社，1996 年 3 月。

〔宋〕鄭樵：《六經奧論》，影印《文淵閣四庫全書》第 184 冊，臺北：臺灣商務印書館，1983 年 12 月。

〔宋〕晁公武：《郡齋讀書志》，臺北：臺灣商務印書館，1978

年 1 月。

〔宋〕李燾：《續資治通鑑長編》，北京：中華書局，1995 年 4
　　月。

〔宋〕朱熹著，陳俊民校編：《朱子文集》，臺北：德富文教基
　　金會，2000 年 2 月。

〔宋〕朱熹：〈呂氏家塾讀詩記序〉，收於〔宋〕呂祖謙：《呂氏
　　家塾讀詩記》，中國詩經學會編：《詩經要籍集成》第 6
　　冊，北京：學苑出版社，2002 年 12 月。

〔宋〕朱熹：《詩集傳》，收於朱傑人、嚴佐之、劉永翔主編：
　　《朱子全書》第 1 冊，上海：上海古籍出版社，合肥：
　　安徽教育出版社，2002 年 12 月。

〔宋〕朱熹：《四書章句集注》，臺北：大安出版社，2008 年 9
　　月。

〔宋〕范處義：《詩補傳》，收於《通志堂經解》第 8 冊，揚州：
　　江蘇廣陵古籍刻印社，1996 年 3 月。

〔宋〕葉適：《習學記言》，影印《文淵閣四庫全書》第 849 冊，
　　臺北：臺灣商務印書館，1985 年 2 月。

〔宋〕黃榦：《勉齋集》，影印《文淵閣四庫全書》第 1168 冊，
　　臺北：臺灣商務印書館，1985 年 9 月。

〔宋〕陳振孫：《直齋書錄解題》，臺北：廣文書局，1979 年 5
　　月。

〔宋〕朱鑑：《詩傳遺說》，影印《文淵閣四庫全書》第 75 冊，
　　臺北：臺灣商務印書館，1983 年 8 月。

〔宋〕嚴粲：《詩緝》，臺北：廣文書局，1983 年 8 月。

〔宋〕劉克：《詩說》，《續修四庫全書》第 57 冊，上海：古籍

出版社，2002 年 3 月。

〔宋〕黃震：《黃氏日抄》，影印《文淵閣四庫全書》第 707 冊，臺北：臺灣商務印書館，1985 年 2 月。

〔宋〕王應麟著，〔清〕翁元圻等注，欒保羣等校點：《困學紀聞》，上海：上海古籍出版社，2008 年 12 月。

〔宋〕段維清：〈毛詩集解狀〉，收於〔宋〕段昌武：《毛詩集解》，影印《文淵閣四庫全書》第 74 冊，臺北：臺灣商務印書館，1983 年 8 月。

〔宋〕黎靖德編，王星賢點校：《朱子語類》，臺北：華世出版社，1987 年 1 月。

〔元〕馬端臨：《文獻通考》，影印《文淵閣四庫全書》第 614 冊，臺北：臺灣商務印書館，1984 年 10 月。

〔元〕脫脫等：《宋史》，北京：中華書局，1977 年 11 月。

〔元〕梁益：《詩傳旁通》，影印《文淵閣四庫全書》第 76 冊，臺北：臺灣商務印書館，1983 年 8 月。

〔清〕黃宗羲原著，〔清〕全祖望補修，陳金生、梁運華點校：《宋元學案》，北京：中華書局，1986 年 12 月。

〔清〕朱彝尊著，馮曉庭、侯美珍等點校：《點校補正經義考》，臺北：中央研究院中國文哲研究所，2004 年 12 月。

〔清〕陳啟源：《毛詩稽古編》，影印《文淵閣四庫全書》第 85 冊，臺北：臺灣商務印書館，1983 年 8 月。

〔清〕郝玉麟等監修：《福建通志》，影印《文淵閣四庫全書》第 529 冊，臺北：臺灣商務印書館，1984 年 7 月。

〔清〕李清馥：《閩中理學淵源考》，影印《文淵閣四庫全書》第 460 冊，臺北：臺灣商務印書館，1984 年 7 月。

〔清〕姚際恆：《詩經通論》，收於《姚際恆著作集》第 1 冊，

臺北：中央研究院中國文哲研究所，1994 年 6 月。

〔清〕袁枚著，周本淳標校：《小倉山房文集》，收於《小倉山房詩文集》第 3 冊，上海：上海古籍出版社，1988 年 3 月。

〔清〕紀昀等：《四庫全書總目》，臺北：藝文印書館，1974 年 10 月。

〔清〕紀昀著，孫致中、吳恩揚等校點：《紀曉嵐文集》，石家莊：河北教育出版社，1995 年 12 月。

〔清〕朱珪修，〔清〕李拔纂：《福寧州志》，《中國方志叢書》第 74 號，臺北：成文出版社，1967 年 12 月。

〔清〕翁方綱：《經義考補正》，上海：商務印書館，1937 年 6 月。

〔清〕翁方綱：《通志堂經解目錄》，臺北：廣文書局，1968 年 3 月。

〔清〕周中孚：《鄭堂讀書記》，臺北：廣文書局，1978 年 8 月。

〔清〕胡承珙著，郭全芝點校：《毛詩後箋》，安徽：黃山書社，1999 年 8 月。

〔清〕馬瑞辰著，陳金生點校：《毛詩傳箋通釋》，北京：中華書局，1992 年 2 月。

〔清〕陳奐：《詩毛氏傳疏》，臺北：臺灣商務印書館，1968 年 6 月。

〔清〕陳澧：《東塾讀書記》，北京：三聯書店，1998 年 6 月。

〔清〕王先謙著，吳格點校：《詩三家義集疏》，臺北：明文書局，1988 年 10 月。

〔清〕皮錫瑞：《經學歷史》，臺北：藝文印書館，2000 年 11 月。

二、近人論著

尹達主編：《中國史學發展史》，臺北：天山出版社，出版社未註明出版時間。

王晴佳、古偉瀛：《後現代與歷史學》，臺北：巨流圖書公司，2000 年 4 月。

甘鵬雲：《經學源流考》，臺北：廣文書局，1977 年 1 月。

朱傑人：〈朱子詩傳綱領研究〉，收於鍾彩鈞主編：《朱子學的開展——學術篇》，臺北：漢學研究中心，2002 年 6 月。

朱立元編：《二十世紀西方美學經典文本》，上海：復旦大學出版社，2001 年 1 月。

李威熊：《中國經學發展史論》上冊，臺北：文史哲出版社，1988 年 12 月。

李家樹：《詩經的歷史公案》，臺北：大安出版社，1990 年 11 月。

李冬梅：《蘇轍詩集傳新探》，成都：四川大學古籍研究所碩士論文，2003 年 4 月。

李冬梅：《宋代詩經學專題研究》，成都：四川大學古籍研究所博士論文，2007 年 4 月。

車行健：《詩本義析論》，臺北：里仁書局，2002 年 2 月。

吳雁南、秦學頎、李禹階主編：《中國經學史》，福建：人民出版社，2001 年 9 月。

束景南：《朱子大傳》，福州：福建教育出版社，1992 年 10 月。

何文禎：〈我國先秦文論中的讀者接受意識〉，《零陵師範高等專科學校學報》第 21 卷第 1 期，2000 年 1 月。

林慶彰：〈鄭樵的詩經學〉，《宋代經學國際研討會論文集》，臺北：中央研究院中國文哲研究所，2006 年 10 月。

林葉連：《中國歷代詩經學》，臺北：臺灣學生書局，1993 年 3 月。

林維杰：〈知人論世與以意逆志——朱熹對《孟子‧萬章篇》兩項原則的詮釋學〉，《中國文哲研究集刊》第 32 期，2008 年 3 月。

金毓黻：《中國史學史》，石家莊：河北教育出版社，2000 年 12 月。

周甲辰：〈孟子「以意逆志」說的意義指向探析〉，《廣西社會科學》2006 年第 10 期。

周光慶：〈孟子「以意逆志」說考論〉，《孔子研究》2004 年第 3 期。

周克平：〈中國古代文論讀者意識與特徵〉，《學術論壇》2009 年第 7 期。

邱培超：〈二程的詩經學〉，《中央大學第一屆青年儒學國際學術會議論文集》，2003 年 9 月，http://www.ncu.edu.tw/~phi/confucian/docs/2003_July_Dec/yc03.doc。

尚永亮、王蕾：〈論「以意逆志」說之內涵、價值及其對接受主體的遮蔽〉，《文藝研究》2004 年第 6 期。

洪湛侯：〈歷代《詩經》研究〉，《詩經論文集》，臺北：藝文印書館，2008 年 5 月。

洪湛侯：《詩經學史》，北京：中華書局，2002 年 5 月。

洪漢鼎：《詮釋學史》，臺北：桂冠圖書公司，2002 年 6 月。

侯美珍：〈成伯璵毛詩指說之研究〉，《河北學刊》1997 年 2 期。

姜智芹：〈經典詮釋的無限可能性與限定性〉，《雲南社會科學》
　　2007 年第 3 期。

徐復觀：《兩漢思想史》，臺北；臺灣學生書局，1979 年 9 月。

徐復觀：《中國經學史的基礎》，臺北：臺灣學生書局，1982 年
　　5 月。

馬宗霍：《中國經學史》，臺北：臺灣商務印書館，1966 年 9 月。

夏傳才、董治安主編：《詩經要籍提要》，北京：學苑出版社，
　　2003 年 8 月。

夏長樸：〈《四庫全書初次進呈存目》初探——編纂時間與文獻
　　價值〉，《漢學研究》30 卷 2 期，2012 年 6 月。

郝桂敏：《宋代詩經文獻研究》，北京：中國社會科學出版社，
　　2006 年 2 月。

梁啟超：《中國近三百年學術史》，臺北：華正書局，1974 年 10
　　月。

陳文采：《兩宋詩經著述考》，臺北：東吳大學中國文學研究所
　　碩士論文，1988 年 4 月。

陳志椿：〈「以意逆志」辨〉，《杭州大學學報》26 卷 2 期，1996
　　年 6 月。

陳柾治、謝慧暹編：《通志堂經解書題索引》，臺北：文史哲出
　　版社，1995 年 12 月。

陳桐生：〈論正變〉，收於中國詩經學會編：《詩經研究叢刊》第
　　一輯，北京：學苑出版社，2001 年 7 月。

張寶三：〈詩經詮釋傳統中之「風雅正變」說研究〉，收於楊儒
　　賓編：《中國經典詮釋傳統（三）文學與道家經典篇》，臺
　　北：喜瑪拉雅研究發展基金會，2002 年 3 月。

張啟成：《詩經研究史論稿》，貴陽：貴州人民出版社，2003 年
　　2 月。

張雷、陳戰峰：〈張載《詩經》學之「心性義理」論〉，《理論導
　　刊》2009 年 6 月。

程元敏：〈《周禮新義》版本與流傳〉，《臺大中文學報》第 1 期，
　　1985 年 11 月。

程元敏：《三經新義輯考彙評（二）──詩經》，臺北：國立編
　　譯館，1986 年 9 月。

黃焯：《毛詩鄭箋平議》，上海：上海古籍出版社，1985 年 6 月。

黃忠慎：〈詩經詮釋的流變〉，《嚴粲詩緝新探》，臺北：文史哲
　　出版社，2008 年 2 月。

黃忠慎：《嚴粲詩緝新探》，臺北：文史哲出版社，2008 年 2 月。

黃忠慎：《范處義詩補傳與王質詩總聞比較研究》，臺北：文津
　　出版社，2009 年 2 月。

黃忠慎：《宋代詩經學探析──以歐陽修、蘇轍等六家為中心的
　　考察》，臺北：花木蘭文化出版社，2009 年 9 月。

黃忠慎：〈輔廣《詩童子問》與楊簡《慈湖詩傳》之比較研究─
　　─以解經方法、態度與風格為核心的考察〉，《文與哲》19
　　期，2011 年 11 月。

黃忠慎：〈尊《序》？反《序》？──析論《毛詩李黃集解》的
　　解《詩》立場〉，《臺大文史哲學報》第 76 期，2012 年 5 月。

黃忠慎：〈理解、運用與解釋：析論孔孟荀在《詩經》學史上的
　　貢獻與意義〉，《東吳中文學報》第 25 期，2013 年 5 月。

黃忠慎：〈《毛詩李黃集解》析論──以書寫體例與解釋方法為
　　考察中心〉，《臺大中文學報》第 42 期，2013 年 9 月。

黃忠慎：〈呂祖謙、嚴粲《詩經》學之比較研究〉,《東吳中文學報》27 期,2014 年 5 月。

黃文宏：〈論日本現代哲學中的「感性論」傾向——以中村雄二郎的共通感覺為例〉,《臺大文史哲學報》第 75 期,2011 年 11 月。

曾五一主編：《統計學概論》,北京：首都經濟貿易大學出版社,2003 年 1 月。

葉國良：《宋人疑經改經考》,臺北：國立臺灣大學中國文學研究所碩士論文,1977 年 6 月。

楊晉龍：〈朱熹《詩序辨說》述義〉,《中國文哲研究集刊》第 12 期,1998 年 3 月。

董希文：《文學文本理論研究》,北京：社會科學文獻出版社,2006 年 3 月。

裴普賢：《歐陽修詩本義研究》,臺北：東大圖書公司,1981 年 7 月。

趙制陽：〈蘇轍詩集傳評介〉,《詩經名著評介》第三集,臺北：萬卷樓圖書公司,1999 年 11 月。

劉師培：《劉申叔先生遺書》,臺北：華世出版社,1975 年 4 月。

劉毓慶：《歷代詩經著述考（先秦－元代）》,北京：中華書局,2002 年 5 月。

蔣見元、朱傑人：《詩經要籍解題》,上海：上海古籍出版社,1996 年 9 月。

蔡方鹿：《朱熹經學與中國經學》,北京：人民出版社,2004 年 4 月。

蔡方鹿：〈論漢學、宋學經典詮釋之不同〉,《哲學研究》2008 年

1 期。

潘德榮：《詮釋學導論》，臺北：五南圖書出版公司，1999 年 8
　　月。

戴維：《詩經研究史》，長沙：湖南教育出版社，2001 年 9 月。

簡澤峰：《宋代詩經學新說研究》，彰化：國立彰化師範大學國
　　文研究所博士論文，2008 年 5 月。

關文瑛：《通志堂經解提要》，收於嚴靈峯編輯：《書目類編》第
　　81 冊，臺北：成文出版公司，1978 年 7 月。

譚德興：〈試論程顥程頤的詩學思想〉，收於中國詩經學會編：《詩
　　經研究叢刊》第六輯，北京：學苑出版社，2004 年 3 月。

鐘其炎：〈先秦史官的職責與地位變化〉，《檔案與建設》，2008
　　年第 5 期。

顧頡剛：〈詩經在春秋戰國間的地位〉，收於《古史辨》第 3 冊，
　　上海：上海古籍出版社，1981 年 11 月。

〔美〕安樂哲（Roger T.Ames）、羅思文（H.Rosemont,Jr.）著，
　　余瑾譯：《論語的哲學詮釋》，北京：中國社會科學，2003
　　年 3 月。

〔德〕加達默爾（Hans-Georg Gadamer）著，洪漢鼎譯：《真理
　　與方法》，上海：上海譯文出版社，2004 年 7 月。

〔美〕E.希爾斯（Edward Shils）著，傅鏗、呂樂譯：《論傳統》，
　　上海：上海人民出版社，1991 年 3 月。

附　錄

李樗、黃櫄生平資料彙編

一、李樗生平資料

（一）〔宋〕呂本中〈和伯少穎迂仲將歸福唐偶成數詩欲奉寄無
　　　　便未果也辰叔常季南還因以奉送〉

　　紛紛走道途，擾擾雜泥滓。既為風俗移，又以血氣使。百
川灌河來，夫豈有涯涘。故人林與李，始可與語此。

　　方子獨立士（自注：德順），歲莫亦深居。林李從之遊，欲
出更躊躇。紛華晚不顧，浮湛同里閭。時從陸丈人，共此一篇
書。（自注：諸公皆從陸亦顏遊。）

　　閩山固多奇，閩士亦多傑。弱水不勝舟，有此積立鐵。胡
劉守節意，亦豈待言說。（自注：原仲、致中。）堂堂混眾流，
此固不得折。

　　經時望子來，慰我終歲病。西行道路迂，復見復未定。秋
毫論得失，此豈不有命。嘗聞安身要，其本在無競。（自注：
王輔嗣卦解云：安身莫若無競，修已莫若自保，守道則福至，
求祿則辱來。實法言。）

才叔策名時，已自能不動。中年謫南荒，與世作梁棟。生平所踐履，自待九鼎重。失固不足言，得亦何所用。（自注：才叔，諫議張公也，初登科時已無喜色矣。）

傅璇琮等主編，北京大學古文獻研究所編：《全宋詩》（北京：北京大學出版社，1998 年 4 月），第 28 冊，「呂本中一九」，卷 1623，頁 18212。

　　案：呂本中於紹興四年甲寅（1134）秋入閩，冬在福州，至紹興六年丙辰（1136）夏離閩。離前作詩〈別林氏兄弟〉：「二年住閩嶺，所閱足青紫。那知萬衆中，得此數君子。相從不我厭，但覺歲月駛。高論脫時俗，如風濯煩暑。出處雖未同，氣味固相似。人生有離合，（原校：一作低昂）所畏為物使。要當啜英華，不必計粗滓。他年肯相尋，在彼不在此。」此詩〈和伯少穎迂仲將歸福唐偶成數詩欲奉寄無便未果也辰叔常季南還因以奉送〉或作於紹興十二年壬戌（1142）年前後。[1]《宋史・林之奇傳》云：「林之奇字少穎，福州候官人。紫微舍人呂本中入閩，之奇甫冠，從本中學。」[2]呂祖謙〈祭林宗丞文〉云：「嗚

---

1 呂本中入閩、離閩時間與〈別林氏兄弟〉、〈和伯少穎迂仲將歸福唐偶成數詩欲奉寄無便未果也辰叔常季南還因以奉送〉繫年，詳見王兆鵬：〈呂本中年譜〉，《兩宋詞人年譜》（臺北：文津出版社，1994 年 9 月），「紹興四年甲寅（1134），居仁五十一歲」，頁 398、400；「紹興六年丙辰（1136），居仁五十三歲」，頁 410、413；「紹興十二年壬戌（1142），居仁五十九歲」，頁 452、頁 455。〈別林氏兄弟〉見傅璇琮等主編，北京大學古文獻研究所編：《全宋詩》（北京：北京大學出版社，1998 年 4 月），第 28 冊，「呂本中一五」，卷 1619，頁 18172-18173。

2 〔元〕脫脫等撰：《宋史》（北京：中華書局，1997 年 11 月），第 37 冊，卷 433，「列傳一九二・儒林三」，頁 12861。

呼！昔我伯祖西垣公躬受中原文獻之傳，載而之南，裴回顧瞻，
未得所付。踰嶺入閩，而先生與二李伯仲實來，一見意合，遂
定師生之分。」（詳下）則李樗與其兄、林之奇於紹興四、五年
間拜呂本中為師，而呂本中在離閩後仍與三人有書信往來。

（二）〔宋〕林之奇：〈李和伯行狀〉、〈祭李和伯文〉、〈代
　　　舅祭迂仲文一〉、〈代舅祭迂仲文二〉、〈祭迂仲文〉

1.〈李和伯行狀〉

　　公諱楠，和伯其字也。其先居光州固始，唐末從王氏入閩，
遂為福州候官人。公幼遲重寡言笑，已如成人。稍長，自力學
問。兩舉於禮部，不中第，初無黙色，曰：「吾知治吾事爾，得
失何預焉？」益自刻學。未幾，與其弟三人俱擢鄉薦，而公為
舉首。有司閱其文，無翰墨畦逕，詫曰：「非今世舉子文也。」
已而復黜，乃謝絕世事，杜門讀書，鄉人子弟委束脩於其門者
數百人。以苦學，得重胿之疾，遂不起。時紹興十有七年（1147）
九月十有八日也，享年三十有七。……娶陳氏，有子一人，曰
渙。女四人，長適林如璋，餘未行。……（注：《拙齋文集》卷
18）

曾棗莊、劉琳主編：《全宋文》（上海：上海辭書出版社，2006 年 8 月），
第 208 冊，卷 4612，「林之奇一二」，頁 94-95。

2.〈祭李和伯文〉

　　自兄抱疾，之奇在側。爰從屬纊，以至棺襲。皆所親視，
憑尸踴躃。樗隔長江，徒聞病革。中途得訃，失聲匍匐。入門
長慟，蓋棺既訖，悼兄則同，樗尤於邑。相對纍然，拊膺太息。……

（注：《拙齋文集》卷 19）

曾棗莊、劉琳主編：《全宋文》（上海：上海辭書出版社，2006 年 8 月），
第 208 冊，卷 4613，「林之奇一三」，頁 108。

3.〈代舅祭迂仲文一〉

　　嗚呼！疇昔八年之前，素秋之孟，吾哭送汝兄於西城之西，
俾從汝祖之佳城。今茲孟秋，吾復將哭送汝於北城之北，實祔
于汝外祖之墳塋。汝及兄從二祖遊乎汗漫，寧復念吾，而吾之
思汝，聲之號者日以乾，淚之泣者日以竭，殆將滴吾淚於秋露，
寄吾號於秋聲。而今而後，永夜沉沉，空齋寂寂，惟有窗間之
檠，床頭之枕，知吾父子之至情。好去吾兒，永隔此生。汝心
純孝，胡寧捨吾而去，忽使吾涕泗之縱橫。嗚呼哀哉！（注：《拙
齋文集》卷 19）

曾棗莊、劉琳主編：《全宋文》（上海：上海辭書出版社，2006 年 8 月），
第 208 冊，卷 4613，「林之奇一三」，頁 109。

4.〈代舅祭迂仲文二〉

　　嗚呼！我之五男，如手五指。墮指之痛，痛入骨髓。一之
謂甚，矧復可二。胡然二之，我痛欲死。昔仲尼嘗哭其子，於
鯉雖哀，而慟顏氏。謂顏獨賢，非鯉也比。我心孔疚，實兼於
彼。以賢則顏，以親則鯉。哭鯉慟顏，有淚如洗。我初得男，
爾兄及爾。粵自孩提，天鍾粹美。坐我兩膝，咸誦經史。日數
千言，瀾翻不已。壽十六七，蜚聲閭里。人言佳兒，必稱二李。
施及諸弟，亦精業履。有子如斯，云胡不喜。意當聯榮，芥拾
青紫。五桂一椿，寶郎可擬。并試南宮，反後叔季。尚期晚成，
蔚為國器。豈料爾兄，不祿而逝。我痛未忘，爾復繼斃。人言

天道，吉凶以類。為善必福，惡斯禍至。如吾兩兒，德性純懿。
閔無間言，曾善養志。璞玉渾金，初亡瑕纇。何辜于天，罹此
顛躓。不假之年，俾我遐棄。嗟哉彼蒼，不仁若是。疇昔西征，
余往汝侍。鋒交戰場，詞傾峽水。期汝如何，汝乃不第。逮茲
東歸，稅駕方爾。團欒父子，宴樂兄弟。望汝如何，汝乃不起。
汝始得疾，實惟旅邸。一夕沉疴，倏焉體瘁。盤珊入門，昔人
已改。蒲柳未秋，豈宜摧毀。人固疑之，我心獨異。使汝不長，
豈曰天理。汝蚤聞道，壽夭一致。豈不見幾，恐傷予意。力疾
對醫，漫云可治。瞑目長眠，溘然蟬蛻。天實誤予，使予不智。
不就汝訣，永隔癏瘵。冥心之言，嗟猶在耳。爾實何憾，我哀
莫弛。我偕汝母，劬勞半世。婚嫁甫終，未凋髮齒。謂此餘生，
優游卒歲。含飴弄孫，亦復何事。汝兄之殂，始積憂患。兒吾
擇婦，女吾命配。幾如是為，而不凋弊。搔首臨鏡，班白多矣。
望汝寬予，汝反至此。二女一男，復為吾累。人生幾何，堪此
顦顇。人謂我哭，已傷兩指。盍師延陵，三號而止。我痛在心，
心狂欲潰。哭尚可堪，不哭尤憊。吾寡交游，杜門養晦。惟汝
及兄，從吾論議。伯塤仲篪，相繼鼕鼕。以斯自樂，不慕榮貴。
自失汝兄，尚惟汝恃。汝不吾留，亦隨隙駟。使我索居，自言
孰謂。已而已而，失我良嗣。白日清宵，悠悠曷濟。我哭號天，
爾母頓地。爾寂不聞，九泉永闋。女嫁女歸，兒遠兒在。獨汝
見時，河清莫俟。我老無悰，來日能幾。寂寞此生，有恨不匱。
涓日成服，薦此薄醨。兒舉此觴，并飲吾淚。（注：《拙齋文集》
卷 19）

曾棗莊、劉琳主編：《全宋文》（上海：上海辭書出版社，2006 年 8 月），
第 208 冊，卷 4613，「林之奇一三」，頁 109-110。

5.〈祭迂仲文〉

嗚呼！我生終鮮，孑然一身。豈無兄弟，四海三人。幼共
嬉戲，長同屈伸。雖隔表裏，情逾所親。嗟我少孤，焉依叔舅。
舅氏吾師，伯仲吾友。兩驥絕塵，千里馳驟。我實駑材，瞠若
乎後。伯仲未冠，舅為世知。懦無立志，知我者誰。自暴自棄，
下流實歸。不有伯仲，疇覺其非。每從紛華，此心外騖。及見
二難，釋然悔悟。漸漬薰陶，遂同志趣。非曰能之，伯仲之故。
伯也德宇，如元紫芝。仲無間然，叔度之陂。夏雨雨我，春風
動之。去我三日，鄙吝已滋。六日不來，我心匪樂。我不見兮，
折簡我約。書既同讀，文亦偕作。商榷古今，曾無適莫。繄伯
之學，《春秋》實通。惟仲與我，《詩》、《書》是攻。各尋蹊徑，
一西一東。如適京邑，厥歸則同。歡樂幾何，禍機倚伏。伯既
已矣，仲復就木。魂兮何之，俾我窮獨。嗟嗟蒼天，如何不淑。
嗚呼哀哉！肄業績文，伯仲獨優。南宮桂籍，宜冠英遊。賢書
數上，猿臂不侯。如我淺陋，反玷簡蒐。謹行全生，我亦尤劣。
濯濯牛羊，幾無萌蘗。一暴十寒，尚茲存活。仁如伯仲，乃遭
夭閼。自伯不祿，已隨逝波。我及仲存，更於琢磨。並從師範，
歸養天穌。計我所得，孰與仲多。仲既聞道，百慮一貫。每臨
利害，履道坦坦。俄得俄失，若修若短。於迂仲觀，曾何足算。
伯也疾革，我心鬱陶。源源往問，瞽盲奈何。浩歎仲心，死輕
鴻毛。談笑謂我，空走一遭。死既本空，生亦誰是。萬化去來，
初無終始。我復何為，情鍾不已。正惟仲沒，莫與進此。藏焉
修焉，入誰與娛。息焉游焉，出誰與俱。自今以往，離群索居。
伐木道喪，鶺鴒影疏。慨念平生，那忍細說。子敬琴亡，伯牙
絃絕。丹旐風悠，薤歌聲噎。路隔幽明，忍與仲訣。嗚呼哀哉！

（注：《拙齋文集》卷 19）

曾棗莊、劉琳主編：《全宋文》（上海：上海辭書出版社，2006 年 8 月），
第 208 冊，卷 4613，「林之奇一三」，頁 111-112。

　　案：林之奇〈李和伯行狀〉云李楠逝世的時間為「紹興十
有七年（1147）九月十有八日也，享年三十有七」，則李楠生
於大觀四年庚寅（1110），又姚同〈拙齋先生行實〉與陳振孫
《直齋書錄解題》皆云李樗為林之奇外兄（詳下），林之奇生於
政和二年（1112），則李樗約生於政和元年（1111）之前。〈代舅
祭迂仲文一〉云在李楠死後八年，李樗亦於孟秋逝世，則為紹
興二十五年（1155），得年約四十五歲。

　　案：李楠、李樗之父李葵，字襲明（見王應麟《困學紀聞‧
雜識》，詳下），紹興二十四甲戌（1154）年取特奏名。有子五，
楠、樗為其長子、次子，深受李葵期許，望為國器，然「二李
亦皆以布衣死」（呂祖謙〈祭林宗丞文〉，詳下），終身未登進士
第。楠有一子李渙，樗有一子，失名，人稱北海先生，與其父
樗「皆以經行為學者師」（真德秀〈國子監主簿李公墓誌銘〉，
詳下）。應以三、四子為格、櫚，登紹興十二年壬戌（1142）陳
誠之榜，即〈代舅祭迂仲文二〉中「并試南宮，反後叔季」之
「叔季」者。葵尚有一子，淳熙《三山志‧人物內‧科名》未
見，不知其名，[3] 梁庚堯以為李泳、李沐、李溥、李沖與李遇為

---

3 淳熙《三山志‧人物內‧科名》於中榜人名下注其家族關係，以下據此立論。
　二十四年甲戌特奏名，李葵下注：「格、櫚之父。」十二年壬戌陳誠之榜，李
　格，下注：「莅之侄，字承叔。歷泉州通判，知饒州、衡州，終朝奉大夫。」
　李櫚，下注：「格之弟，字常季，終文林郎、漳州教授。」以上分見〔宋〕梁
　克家修纂，福州市地方志編輯委員會整理：淳熙《三山志》（福州：海風出版

此子之後人。[4]葵之本族尚有李康、李芘、李格、李橺與李公升。[5]

社，2000年8月），卷28，「人物類三‧科名」，頁364、頁356。葵不知名一子，或名檷。見朱學博：《林之奇及其《尚書全解》研究》（上海：華東師範大學碩士學位論文，2014年4月），頁12。或名棣，「中華林氏（浙南）源流網」中由署名由林和灿注的姚同〈林之奇行實〉注3云：「李葵字襲明，生五子：梣、樗、檷、榕、棣。」「榕」或「格」之誤，則第五子或名「棣」。閱讀日期：2017年3月2日，網址：http://www.znls.net/news/?2464.html。

4 乾道八年壬辰（1172）黃定榜，李泳下注：「葵之孫，字深卿。」紹熙元年（1190）文舉特奏名，但云「李溥」無注。慶元二年（1196）丙辰文舉特奏，李沐下注：「溥、泳之兄，公升之子。」慶元五年（1199）己未曾從龍榜，李沖下注：「字道卿，侯官人。祖葵，子遇。本族：格、檷、泳、公升。終承議郎、國子監簿。」嘉定七年甲戌（1214）袁甫榜，李遇下注：「字用之，侯官人，葵之曾孫，格、檷之侄孫，泳之侄，沖之子，公升之弟。歷監察御史、秘監。」以上分見〔宋〕梁克家修纂，福州市地方志編輯委員會整理：淳熙《三山志》（福州：海風出版社，2000年8月），卷30，「人物類五‧科名」，頁385；卷31，「人物類六‧科名」，頁410；「人物類六‧科名」，頁418；卷31，「人物類六‧科名」，頁420；卷31，「人物類六‧科名」，頁440。梁庚堯云：「（李遇）是李格、李檷的姪孫，則李沖非李格或李檷之子，其父應為李葵第五個不知其名亦未登科的兒子。見於記載和李沖同輩的登科者還有李泳、李沐和取得特奏名的李溥，據登科名錄上的家族關係，李泳是李葵之孫，李沐是李溥、李泳之兄，李遇則是李泳之姪，則李沐、李溥、李泳、李沖四人應是兄弟。……李沖的墓誌銘則載其尚有一子，『曰某，登某年第』。從上述情形看，李葵的幾個兒子中，又以第五個不知其名的兒子這一支，在科第表現上最為顯眼，而其四位兄長的後人，均不見於登科名錄上。」見梁庚堯：〈宋代福州士人與舉業〉，《東吳歷史學報》11期（2004年6月），頁204-205。

5 紹聖四年丁丑（1097）何昌言榜，李康下注：「字彥侯，閩縣人。終朝散郎、辟雍司業。」大觀三年己丑（1109）賈安宅榜，李芘下注：「康之侄，字積仁。靖康初，待次提舉兩浙常平。州禁卒害帥柳述古以叛。徒步諭以禍福，卒感動釋仗，請勤王，擢直秘閣。建炎初，葉儂叛。除本路提刑、賊至自古田攻子城卒樂門，貫矢石，登陴說諭，賊亟退，道羅源、寧德、由政和以歸。四年，范汝為反，聲言東下。其鄉民張毅乘亂嘯聚，襲古田，帥程待制邁請往招之。單卒入敵壘，諭使捕汝為自效，賊平，除知泉州，尋罷。終左中奉大夫。」紹興五年乙卯（1135）汪應辰榜，李格下注：「芘之侄，字文叔。終文林郎、知西會縣。」乾道二年丙戌（1166）蕭國梁榜，李橺

（三）〔宋〕呂祖謙：〈祭林宗丞文〉

　　嗚呼！昔我伯祖西垣公躬受中原文獻之傳，載而之南，裴回顧瞻，未得所付。踰嶺入閩，而先生與二李伯仲實來，一見意合，遂定師生之分。於是嵩洛關輔諸儒之源流靡不講，慶曆、元祐羣叟之本末靡不咨。以廣大為心，而陋專門之暖姝，以踐履為實，而刊繁文之枝葉。致嚴乎辭受出處而欲其明白無玷，致察乎邪正是非而欲其毫髮不差。昕夕函丈，聞無不信，信無不行。前望聖賢，大路九軌，自詭以必可至。……長樂之士，知鄉大學，知尊前輩，知宗正論，則皆先生與二李公之力焉。嗚呼！西垣公既不及公道之伸，而二李亦皆以布衣死，獨先生甫入東觀，若將有為而病輒隨之……（注：《東萊呂太史文集》卷 8。又見《五百家播芳大全文粹》卷 101，《永樂大典》卷 14054）曾棗莊、劉琳主編：《全宋文》（上海：上海辭書出版社，2006 年 8 月），第 262 冊，卷 5899，「呂祖謙三三」，頁 128-129。

　　下注：「康之孫，字伯廣。」淳熙八年辛丑（1181）黃由榜，李公升下注：「泳之從侄，字士臣。」以上分見〔宋〕梁克家修纂，福州市地方志編輯委員會整理：淳熙《三山志》（福州：海風出版社，2000 年 8 月），卷 27，「人物類二・科名」，頁 330；卷 27，「人物類二・科名」，頁 337；卷 28，「人物類三・科名」，頁 353；卷 29，「人物類四・科名」，頁 377；卷 30，「人物類五・科名」，頁 396。案：李公升此載為「泳之從侄」，李沐處載「溥、泳之兄，公升之子。」李冲處載「本族」，李遇處下注：「泳之侄，冲之子，公升之弟。既是泳之從侄又是泳之從父，相互矛盾，且云為李冲之子、李遇之兄，真德秀：〈國子監主簿李公墓誌銘〉「（冲）二子：曰遇，國子生；曰某，登某年第，今為南雄州教授。」曾棗莊、劉琳主編：《全宋文》（上海：上海辭書出版社，2006 年 8 月），第 314 冊，卷 7195，「真德秀六一」，頁 174。考《直隸南雄州志》宋時李姓教授有嘉定時李韶、淳祐李遇，皆非公升。其人待考。〔清〕余保純等修，黃其勤纂：《直隸南雄州志》，《中國方志叢書》第 60 號（臺北：成文出版社，1967 年 12 月，道光四年〔1824〕刊本），卷 3，「職官・教授」，頁 10，總頁 51。

（四）〔宋〕黃榦：〈處士潘君立之行狀〉

紹興初，習淳質，中原衣冠多南徙，吾鄉之學彬彬焉。其以文詞行義為學者宗師，則若李、若林，其傑然者也。二先生之學以孝弟忠信、窮經博古為主，及門之士亦往往渾厚質實，志尚脩潔。

曾棗莊、劉琳主編：《全宋文》（上海：上海辭書出版社，2006 年 8 月），第 288 冊，卷 6558，「黃榦三三」，頁 416。

（五）〔宋〕姚同：〈拙齋先生行實〉

先生姓林氏，名之奇，字少穎，侯官人。世以儒學聞。朝議公忻取李氏，得先生以大其家聲。先生幼聰俊不凡，與外兄李和伯、迁仲如親手足，常稱：「伯也德宇如元紫芝，仲無間然叔度之陂。」日夕相從，惟道藝是講是究。名肄業之所曰「兌齋」。晨興誦讀經史，各以所見結衣帶而識之。逮暮相與參訂是否而書之，謂之《兌齋錄》。西垣呂公入閩。公聞其以道學名世，乃與二李往候之。一見之頃，遂定師生之分，呂亦欣然。進而語之以嵩洛、關輔諸儒之源流，慶曆、元祐諸賢之本末，且欲以廣大為心。陋專門之蒙昧，以踐履為實，刊繁文之支離。致嚴乎辭受出處，欲其明白無玷；致察乎邪正是非，欲其毫髮不差……（注：《拙齋文集》附，影印《文淵閣四庫全書》本。）

曾棗莊、劉琳主編：《全宋文》（上海：上海辭書出版社，2006 年 8 月），第 306 冊，卷 6976，「姚同」，頁 6。

（六）〔宋〕真德秀：〈國子監主簿李公墓誌銘〉

　　公名冲，字道卿，世儒家，自其諸父遷〈迁〉仲先生某與
其子北海先生某，皆以經行為學者師。（注：《西山文集》卷45）
曾棗莊、劉琳主編：《全宋文》（上海：上海辭書出版社，2006年8月），
第314冊，卷7195，「真德秀六一」，頁173。

　　案：《四庫全書》所收《西山文集》亦作「遷仲先生」，而
《宋集珍本叢刊》所收《西山先生真文忠公文集》則作「迁仲
先生」，與陳壽祺等修纂《福建通志》所引同（詳下），當以「迁
仲先生」為是。[6]

（七）〔宋〕陳振孫：《直齋書錄解題》

《毛詩詳解》三十六卷　案《宋史・藝文志》作四十六卷
　　長樂李樗迁仲撰。博取諸家說，訓釋名物文意，末用己意
為論以斷之。樗，閩之名儒，於林少穎為外兄。林，李出也。
〔宋〕陳振孫：《直齋書錄解題》（上海：上海古籍出版社，1987年12
月），卷2，頁38-39。

（八）〔宋〕劉克莊：〈秘書少監李公墓表〉

　　公（李遇）伯祖樗號渡江名儒，有《詩傳》行世，所謂迁

6　〔宋〕真德秀：〈國子監主簿李公墓誌銘〉，《西山文集》，影印《文淵閣四
　　庫全書》第1174冊（臺北：臺灣商務書館，1985年9月），卷45，頁32，
　　總頁727。〔宋〕真德秀：〈國子監主簿李公墓誌銘〉，《西山先生真文忠公文
　　集》，收於舒大剛主編，四川古籍整理研究所編：《宋集珍本叢刊》第76冊
　　（北京：線裝書局，2004年6月，據明正德刻本影印），卷45，頁11，總
　　頁495。

仲《詩》也。公髫逮事，耳濡目染，終身不忘。晚卜新築，闢
學詩堂，紬繹手澤，由是新意與舊傳並行。……余念昔與公同
受業於西山之門，先生獎公與陳瑢端甫□。……公（李遇）有
《詩解》若干卷，雜論著若干卷。

曾棗莊、劉琳主編：《全宋文》（上海：上海辭書出版社，2006 年 8 月），
第 332 冊，卷 7644，「劉克莊一五八」，頁 149-150。

　　案：李遇卒於淳熙八年（1248），約生於淳熙四年（1177），
李樗已逝世二十二年，未及見樗，然文云「伯祖樗號渡江名儒，
有《詩傳》行世」、「紬繹手澤，由是新意與舊傳並行」，蓋亦習
李樗《詩》解者。

（九）〔宋〕黃震：《黃氏日抄》

　　本朝伊川與歐、蘇諸公又為發其理趣，《詩》益煥然矣。南
渡後，李迂仲集諸家，為之辯而去取之。

〔宋〕黃震：《黃氏日抄》，影印《文淵閣四庫全書》第 707 冊（臺北：
臺灣商務書局，1985 年 2 月），卷 4，頁 1，總頁 27。

（十）〔宋〕王應麟：《困學紀聞》

　　黃石圮老教授福州，聞李葵、李柟、林之奇為眾推服，即
走其家，備禮延致。呂太史《祭林宗丞少穎文》，所謂「二李伯
仲」，蓋葵之子柟、樗也。(【原注】葵字襲明。子柟，字和伯；樗，字
迂仲。)「里居之良，若方若陸；旁郡之士，若胡若劉。」(【原注】
方德順、陸亦顏、胡原仲、劉致中，見呂居仁《寄和伯少穎迂仲詩》。)

〔宋〕王應麟著；〔清〕翁元圻等校注，欒保羣，田松青，呂宗力校點：
《困學紀聞》（全校本）（上海：上海古籍出版社，2008 年 12 月），下

冊，卷20,〈雜識〉,頁2103。

(十一)〔元〕脫脫等撰:《宋史》

李樗《毛詩詳解》四十六卷

〔元〕脫脫等撰:《宋史》(北京:中華書局,1997年11月),第15
冊,卷202,「志一百五十五‧藝文一」,頁5046。

(十二)〔元〕馬端臨:《文獻通考》

李樗《毛詩詳解》三十六卷

　　陳氏曰:博取諸家說,訓釋名物文意,末用己意為論以斷
之。樗,閩之名儒,於林少穎為外兄。林,李出也。

〔元〕馬端臨:《文獻通考》,影印《文淵閣四庫全書》第614冊(臺
北:臺灣商務印書館,1984年10月),卷179,頁14,總頁102。

(十三)〔明〕陳循等撰:《寰宇通志》(景泰七年丙子〔1456〕)

　　李樗,字迂仲,閩縣人,宋鄉貢士,有《註毛詩解》,盛行
于世。卒,祠于學。

〔明〕陳循等撰:《寰宇通志》,收於《玄覽堂叢書續集》第13冊(臺
北:國立中央圖書館出版,正中書局發行印刷,1985年12月,明景
泰間內府刊初印本),「福州府‧人物」,卷45,頁15,總頁286-287。

(十四)〔明〕黃仲昭著:《八閩通志》(弘治三年庚戌〔1490〕)

　　李樗,字若林,閩縣人。與林之奇俱受業於呂本中。後領
鄉貢,有《注毛詩解》,黃榦嘗稱之曰:「吾鄉之士以文辭行義
為學者宗師,則若林其傑然者也。」其學以孝弟忠信、窮今博
古為主。及門之士亦往往渾厚質實,志尚修潔。樗自號「迂齋」,

學者因稱為「迂齋先生」。

〔明〕黃仲昭著：《八閩通志》（修訂本）（福州：福建人民出版社，2006年1月），下冊，卷62，「人物‧儒林」，頁639。

　　案：李樗，宋人文集與《寰宇通志》稱其字「迂仲」，《八閩通志》云「字若林」，此後各家多以「若林」為李樗之字。其引黃榦之語「則若林其傑然者也」，亦與原文「則若李、若林，其傑然者也」不同。後除正德《福州府志》所引「則若林李，其傑然者也」意近原文，《宋元學案》所引「若李若林，其傑然者也」與原文同外，其餘萬曆己卯《福州府志》、萬曆癸丑《福州府志》、《閩書》、乾隆《福州府志》、同治重刊《福建通志》、《宋史翼》皆以「若林其傑然者也」為句，與《八閩通志》同漏「李」字。楊武泉言：

　　　　《寰宇通志》卷四五福州府人物李樗條云：「字迂仲。」不言字若林。《宋元學案》卷三六李樗小傳所載同。萬曆《福州府志》卷二一李樗傳云：「字若林。……黃榦嘗稱之曰：『吾鄉儒學彬彬，其以文行為學者宗，則若林其傑焉者也。』」以若林為李樗之字。雍正《福建通志》卷四三李樗傳所載同。然《宋元學案》李樗小傳記黃榦之語為「吾鄉之士，以文辭行義為學者宗師，若李若林，其傑然者也。」李指李樗，林指林之奇。萬曆《府志》及雍正《通志》誤以「若李若林」，僅指李一人，遂以「若

林」為李樗之字。《總目》不辨，亦踵其誤也。[7]

筆者原先有所考辨云：

《宋史》不為李樗作傳，而關於李樗的字號，文獻所載
不一，《宋元學案》云：「李樗，字迂仲，侯官人，自號
迂齋，與兄楠俱有盛名，並以鄉貢不第早卒。臨終謂林
少穎曰：『空走一遭！』勉齋嘗稱之曰：『吾鄉之士，以
文辭行義為學者宗師，若李若林，其傑然者也。』所著
有《毛詩解》，博引諸說，而以己意斷之。學者亦稱為三
山先生（馮雲濠案語：《閩書》言先生有《毛詩註解》，
學者稱迂齋先生）。」〈鄉貢李迂齋先生樗〉，〔清〕黃宗羲原
著，全祖望補修，陳金生、梁運華點校，《宋元學案》（北京：
中華書局，1986 年），第 2 冊，卷 36，頁 1247。《經義考》
引明末何喬遠（1558-1631）《閩書》稱李樗：「字若林，
閩縣人，受業於呂本中，後領鄉貢，有《毛詩注解》，學
者稱迂齋先生。」《經義考》，第 4 冊，卷 105，頁 9。《福建
通志》亦云：「李樗，字若林，閩縣人，與林之奇俱師呂
本中，後領鄉貢，其學以窮經力行為主，及門之士往往
志尚修潔。黃榦稱之曰：『吾鄉儒學彬彬，其以文行為學
者宗，則若林其傑焉者也。』學者稱迂齋先生。」〔清〕
郝玉麟等監修，《福建通志》，影印《文淵閣四庫全書》，第 529
冊，卷 43，〈人物〉，頁 441：19b：20a。《四庫提要》亦謂
「樗字若林，閩縣人，嘗領鄉貢。」《四庫全書總目》，第

---

1 冊，卷 15，頁 337：15b。案：《宋元學案》謂李樗字迂仲，此言可信，所引勉齋（黃榦）之言有「若李若林，其傑然者也」之句，李、林皆姓氏，非謂李樗字若林，何喬遠《閩書》稱李樗字若林，恐不可信，《福建通志》「若林其傑焉者也」之句乃誤抄文獻，蓋黃榦原文為：「吾鄉之學彬彬焉，其文詞行義為學者宗師，則若李若林，其傑然者也。二先生之學，以孝弟忠信、窮經博古為主，及門之士亦往往渾厚質實，志尚脩潔。」〈處士潘君立之行狀〉，《勉齋集》，影印《文淵閣四庫全書》，第 1168 冊，卷 37，頁 439：18a。明言「二先生之學」，正表示李、林分屬二人：李樗與林之奇（少穎）。[8]

　　案：李樗名號不一，《八閩通志》云「樗自號『迂齋』，學者因稱為『迂齋先生』。」正德《福州府志》、萬曆癸丑《福州府志》、《閩書》、乾隆《福州府志》、《宋史翼》皆因稱「迂齋先生」。又《宋元學案・紫薇學案・鄉貢李迂齋先生樗》言「學者亦稱為三山先生」，則有兩稱。筆者嘗云：「《宋元學案》稱林之奇『門常數百人，學者稱為三山先生』（《宋元學案》，第 2 冊，卷 36，頁 1247），此則謂李樗『學者亦稱為三山先生』，可能因此而讓馮雲濠特別引《閩書》云學者稱李樗為迂齋先生。」[9]今考宋人文集稱李樗今見僅稱「迂仲」、「迂仲先生」，稱「迂齋先生」、「三山先生」，或有所據。然被稱為「三山先生」而有名者

8　拙文：〈尊《序》？反《序》？──析論《毛詩李黃集解》的解《詩》立場〉，《臺大文史哲學報》第 76 期（2012 年 5 月），注 10，頁 4-5。已收入本書。
9　拙文：〈析論《毛詩李黃集解》對北宋《詩》解的取捨現象──以李樗為主的考察〉，《國文學報》55 期（2014 年 6 月），注 15，頁 103。已收入本書。

為林之奇,如姚同〈拙齋先生行實〉云「拙齋,先生之所自號,天下之士唯曰『三山先生』云。」[10]又有樓昉自號「迂齋」,劉克莊云「迂齋樓氏,名昉,字暘叔,以古文倡莆東」、陳振孫稱其為「公名昉,字暘叔,鄞人,迂齋自號也」。[11]姑記於此,以足文獻。

（十五）〔明〕葉溥、張孟敬纂修:正德《福州府志》（正德十五年庚辰〔1520〕）

李樗,字若林,閩縣人。與林之奇受業於呂本中,後領鄉貢,有注《毛詩解》。黃榦嘗稱之,曰:「吾鄉之儒學彬彬焉。以文詞行義為學者宗師,則若林李,其傑然者也。」其學以孝弟忠信、窮今博古為主。及門之士亦往往渾厚質實,志尚修潔。樗自號迂齋,學者稱為迂齋先生。

〔明〕葉溥、張孟敬纂修,福州市地方志編纂委員會整理點校:正德《福州府志》,（福州:海風出版社,2001 年 7 月）,下冊,卷 25,「人物志·儒林」,頁 294。

（十六）〔明〕潘頤龍修,林燫纂:萬曆《福州府志》（萬曆七年己卯〔1579〕）

1．閩縣祠在啟聖祠,右祀宋處士李樗、少卿任文薦、中奉李莅、侍郎陳益、宣教林琦、處士陳禾、進士林夙、推官楊胐

---

10 曾棗莊、劉琳主編:《全宋文》（上海:上海辭書出版社,2006 年 8 月）,第 306 冊,卷 6976,「姚同」,頁 9。

11 詳見〔宋〕劉克莊:〈迂齋標註古文序〉、〔宋〕陳振孫:〈迂齋先生標注崇古文訣序〉,分見曾棗莊、劉琳主編:《全宋文》（上海:上海辭書出版社,2006 年 8 月）,第 329 冊,卷 7568,「劉克莊八二」,頁 125-126;第 333 冊,卷 7678,「陳振孫」,頁 313-314。

凡八人（後舉祀者俱入府祠）。

〔明〕潘頤龍修，林燫纂：萬曆《福州府志》，《日本藏中國罕見地方志叢刊》第 9 冊（北京：書目文獻出版社，1990 年 2 月據日本內閣文庫藏明萬曆 24 年〔1596〕刻本影印），卷 9，「官政志一・祀典」，頁 7，總頁 70。

　　2．李樗，字若林，閩縣人。與林之奇俱師呂本中，後領鄉貢。其學以窮經力行為主，及門之士，亦往往志尚脩潔。黃幹嘗稱之曰：「吾鄉儒學彬彬，其以文行為學者宗，則若林其傑然者也。」有《毛詩解》行世。

〔明〕潘頤龍修，林燫纂：萬曆《福州府志》，《日本藏中國罕見地方志叢刊》第 9 冊（北京：書目文獻出版社，1990 年 2 月據日本內閣文庫藏明萬曆 24 年（1596）刻本影印），卷 21，「人文志六・先儒」，頁 6，總頁 214

（十七）〔明〕喻政主修：萬曆《福州府志》（萬曆四十一年癸丑〔1613〕）

　　1．鄉賢祠

　　宋

　　處士　李樗

　　（以下省略）

　　（凡八人後舉祀者俱入府祠。）

〔明〕喻政主修，福州市地方志編纂委員會整理點校：萬曆《福州府志》（福州：海風出版社，2001 年 7 月），上冊，卷 14，「祀典志一・閩縣・鄉賢祠」，頁 184。

2．李樗，字若林，閩縣人。與林之奇俱師呂本中，後領鄉貢。其學以窮經力行為主，及門之士，亦往往志尚修潔。黃幹嘗稱之曰：「吾鄉儒學彬彬，其以太行為學者宗，則若林其傑然者也。」學者稱迂齋先生。有《毛詩解》行世。

〔明〕喻政主修，福州市地方志編纂委員會整理點校：萬曆《福州府志》（福州：海風出版社，2001年7月），下冊，卷61，「人物志九·儒林」，頁573。

3．《毛詩解》八卷 李樗

〔明〕喻政主修，福州市地方志編纂委員會整理點校：萬曆《福州府志》（福州：海風出版社，2001年7月），下冊，卷71，「藝文志二·著述」，頁683。

（十八）〔明〕何喬遠：《閩書》

李樗，字若林。與林之奇俱受業於呂本中，後領鄉貢。其學以孝弟忠信、窮經博古為主。及門之士，往往渾厚質實，志尚修潔。黃幹稱之曰：「吾鄉之士，以文辭行義為後進宗師，若林其傑然者也。」有《毛詩註解》，學者稱迂齋先生。

〔明〕何喬遠編撰，廈門大學古籍整理研究所、歷史系古籍整理研究室《閩書》校點組校點：《閩書》（福州：福建人民出版社，1994年6月），第5冊，卷126，「福州府·閩縣·英舊志·韋布」，頁3759。

（十九）〔清〕黃宗羲原著，全祖望補修：《宋元學案》

〈紫薇學案·鄉貢李迂齋先生樗〉

李樗，字迂仲，侯官人，自號迂齋，與兄楠俱有盛名，並

以鄉貢不第早卒。臨終謂林少穎曰：「空走一遭！」勉齋嘗稱之曰：「吾鄉之士，以文辭行義為學者宗師，若李若林，其傑然者也。」所著有《毛詩解》，博引諸說，而以己意斷之。學者亦稱為三山先生。（雲濠案：《閩書》言先生有《毛詩註解》，學者稱迂齋先生。）于少穎為外兄。林，李出也。

〔清〕黃宗羲原著，全祖望補修，陳金生、梁運華點校：《宋元學案》（北京：中華書局，1986 年 12 月），第 2 冊，卷 36，頁 1247。

（二十）〔清〕朱彝尊：《經義考》

李氏樗《毛詩詳解》

《宋志》：「三十六卷。」注①：各本皆作「三十六卷」，《補正》云「《宋志》作四十六卷」。

〔補正〕

　　按：《宋志》作四十六卷，《文獻通考》作三十六卷，此似誤。《通志堂》所刻是李、黃二家《集解》四十二卷，《經義考》則以二家之書前後分載，蓋元是兩書而合輯者，姓氏未之詳矣。（卷四，頁九）

　　存。

　　陳振孫曰：「博取諸家說訓釋名物文意，末用己意為論以斷之。樗，閩之名儒，於林少穎為外兄；林，李出也。

　　《閩書》：「樗，字若林，閩縣人，受業於呂本中，後領鄉貢，有《毛詩注解》，學者稱迂齋先生。」

〔清〕朱彝尊原著，侯美珍、黃智信、汪嘉玲、張惠淑點校：《點校補正經義考》第 4 冊（臺北：中央研究院中國文哲所，1998 年 6 月），卷 105，頁 8-9。

（二一）〔清〕徐景熹總裁，魯曾煜等纂修：乾隆《福州府志》
　　　　　（乾隆十九年甲戌〔1754〕）

1．鄉賢祠在明倫堂右，祀……宋處士李樗……

〔清〕徐景熹總裁，魯曾煜等纂修：乾隆《福州府志》，《中國地方志集成》福建府縣志輯①（上海：上海書店出版社，2000 年 10 月，乾隆十九年〔1754〕刊本），第 1 冊，卷 11，「學校」，頁 21，總頁 263。

2．李樗，字若林，閩縣人。與林之奇俱受業於呂本中，後領鄉貢。其學以孝弟忠信、窮經力行為主。及門之士，皆渾厚質實，志尚修潔，黃幹稱之曰：「吾鄉儒學彬彬，以文詞行義，為後進宗師，若林其傑然者也。」著《毛詩解》，學者稱迂齋先生。（《閩書》）

〔清〕徐景熹總裁，魯曾煜等纂修：乾隆《福州府志》，《中國地方志集成》福建府縣志輯①（上海：上海書店出版社，2000 年 10 月，乾隆十九年〔1754〕刊本），第 2 冊，卷 59，「人物‧儒林」，頁 6-7，總頁 182。

3．李樗《毛詩解》四十二卷　（合黃櫄。櫄，龍溪人。）

〔清〕徐景熹總裁，魯曾煜等纂修：乾隆《福州府志》，《中國地方志集成》福建府縣志輯①（上海：上海書店出版社，2000 年 10 月，乾隆十九年〔1754〕刊本），第 2 冊，卷 72，「藝文」，頁 3，總頁 395。

（二二）〔清〕紀昀等纂：《四庫全書總目提要》

《毛詩集解》四十二卷，內府藏本

　　不著編錄人名氏。集宋李樗、黃櫄兩家《詩》解為一編，而附以李泳所訂呂祖謙《釋音》。樗字若林①，閩縣人，嘗領鄉貢。著《毛詩詳解》三十六卷。櫄字實夫，龍溪人。淳熙中以舍選入對，升進士兩科②。調南劍州教授，終宣教郎。著《詩解》二十卷，《總論》一卷。泳字深卿，始末未詳，與樗、櫄皆閩人。疑是書為建陽書肆所合編也。樗為林之奇外兄，（見《書錄解題》。）又為呂本中門人，（見何喬遠《閩書》。）其學問具源。《書錄解題》稱其書「博取諸家訓釋名物文義，末用己意為論斷」。今觀櫄解，體例亦同。似乎相繼而作，而稍稍補苴其罅漏，不相攻擊，亦不相附合。如論《詩序》，樗取蘇轍之說，以為毛公作而衛宏續；櫄則用王安石、程子之說，以為非聖人不能作。所見迥為不同。其學雖似少亞於樗，而其說實足以相輔。編是書者惟音釋取呂祖謙，而訓釋之文則置《讀詩記》而取樗、櫄。殆亦以二書相續，如驂有靳，故不欲參以他說歟？

【彙訂】

①《寰宇通志》卷四五《福州府・人物》李樗條與《宋元學案》卷三六《李樗小傳》皆云「字迂仲」。萬曆《福州府志》卷二一〈李樗傳〉云：「字若林……黃榦嘗稱之曰：『吾鄉儒學彬彬，其以文行為學者宗，則若林其傑焉。』」以若林為李樗之字。雍正《福建通志》卷四三《李樗傳》所載同。然《宋元學案》李樗小傳記黃榦之語為「吾鄉之士，以文辭行義為學者宗師，若李若林，其傑然者也」。李指李樗，林指林之奇。萬曆《府志》、雍正《通志》皆誤。（楊武泉：《四庫全書總目辨誤》）

〔清〕紀昀等纂，魏小虎彙訂：《四庫全書總目彙訂》（上海：上海古籍出版社，2012 年 12 月），第 1 冊，卷 15，「經部十五・詩類一」，頁 460-461。

　　案：《提要》內文云：「附以李泳所訂呂祖謙《釋音》」、「泳字深卿，始末未詳，與樗、櫄皆閩人。」《全宋文》錄李泳〈祭呂祖謙文〉（出自《東萊呂太史集》附錄祭文）自稱「門生從事郎、新紹興府新昌縣丞」，時在淳熙八年（1181）。為呂祖謙學生。[12]疑其或為李葵之孫、李樗從侄李泳，其字深卿，為乾道八年壬辰（1172）黃定榜進士。[13]

（二三）〔清〕翁方剛：《通志堂經解目錄》

　　《毛詩集解》四十二卷。宋李樗、黃櫄。此書閩縣李迂仲、龍谿黃實夫二家，卷前各有詳說總論，其卷內黃氏又引李迂仲說，蓋黃在李後，或是本相續而作，互為補苴，併為一書，故無合編姓氏也。

〔清〕翁方剛：《通志堂經解目錄》（臺北：廣文書局，1968 年 3 月），頁 461。

（二四）〔清〕陳壽祺等修纂：《福建通志》（同治十年辛未〔1871〕）

　　李樗，字若林，與兄柟俱受業於呂本中，（注：案呂祖謙祭林之奇云：「昔我伯父西垣公躬受中原文獻之傳，載而之南，……先生與二李伯仲實來，……定師生之分。」西垣公謂本中，二李伯仲謂柟、樗。）後領鄉貢，其學以孝弟忠信，窮經博古為主，及門士多渾厚質實，志尚修潔。黃幹嘗稱之曰：「吾鄉之士

---

12 曾棗莊、劉琳主編：《全宋文》（上海：上海辭書出版社，2006 年 8 月），第 277 冊，卷 6269，「李泳」，頁 93-94。

13 〔宋〕梁克家修纂，福州市地方志編輯委員會整理：淳熙《三山志》（福州：海風出版社，2000 年 8 月），卷 30，「人物類五·科名」，頁 384。

文辭行義為後進宗師，若林其傑然者也。」學者稱迂齋先生。
（注：按真德秀撰李沖墓志云：「公世儒家，自其諸父迂仲先生，
與其子北海先生，皆以經行為學者師。」所謂迂仲即樗，而各
書皆稱迂齋。北海先生，舊志亦佚其名，附錄備考。）

〔清〕陳壽祺等修纂：《福建通志》，《中國省志彙編》之九（臺北：華
文書局股份有限公司，1968 年 10 月，同治十年〔1871〕重刊本），第
7 冊，卷 186，「宋人物・儒林傳・閩縣」，頁 5，總頁 3363。

（二五）〔清〕陸心源輯撰：《宋史翼》

　　李樗，字若林，閩縣人，與兄柟俱受業於呂本中，後領鄉
貢，其學以孝弟忠信，窮經博古為主，及門士多渾厚質實，志
尚修潔。黃幹嘗稱之曰：「吾鄉之士以文辭行義為後進宗師，若
林其傑然者也。」學者稱迂齋先生。（《福建通志》）

〔清〕陸心源輯撰：《宋史翼》（北京：中華書局，1991 年 12 月），卷
23，「列傳第二三・儒林一」，頁 250-251。

（二六）〔清〕朱景星修，鄭祖庚纂：《閩縣鄉土志》（清光緒三
　　　　　十二年丙午〔1906〕）

　　儒林李樗子北海先生附

　　字若林。與兄柟、林之奇同遊呂本中門，後舉於鄉。其學
以孝弟忠信，窮理力行為主。著《毛詩解》，學者稱迂齋先生。
子北海先生失其名，亦以文行，為學者師。

〔清〕朱景星修，鄭祖庚纂，福州市地方志編纂委員會整理點校：《閩
縣鄉土志》（福州：海風出版社，2001 年 7 月），「耆舊錄二・學業」，
頁 92。

【附錄】曾棗莊、劉琳主編《全宋文》所收李樗〈君子責己待人如何論〉

　　李樗，字迂仲，一字若林，號迂齋，閩縣（今福建福州）人。受業於呂本中，窮經博古。舉鄉貢不第，早卒。著有《毛詩詳解》四十六卷。見《宋史翼》卷二三，《宋史》卷二〇二《藝文志》。

曾棗莊、劉琳主編：《全宋文》（上海：上海辭書出版社，2006 年 8 月），第 210 冊，卷 4668，「李樗」，頁 287。

　　李樗〈君子責己待人如何論〉

　　退之兩句可謂曲盡，無復遺論矣，然只是並設兩端，無所輕重，學者若實要下工夫，須當知古之君子其待人輕以約者，正為其責己重以周也。蓋待人之輕以約，生於責己之重以周耳。重之為言，以天下所至難之事望於己；周之為言，以吾身所已能之事為猶未備。蓋人己對立於天下，詳於己則不暇詳於人，苟詳於人則必約於己者也。古之君子，其身所自負荷者甚重，而所以自期待者甚遠，有少不到，便若負千有過惡，有無限好處，却一似全然欠闕，朝儆夕惕，淵臨冰履，反觀內照，惟恐蹈於小人之歸，人之善不善於我乎何預，尚何暇移所以點檢吾身者而點檢他人哉？凡人之精於點檢它人者，只為許多工夫用在它人身上。自己既不用工，自然有暇去窺人過失。故責己愈重則待人愈輕，責己愈周而待人愈約。蓋精神全用工在自己上，更不暇照管它人。人與己不兩立，此重則彼輕，己詳則彼不得不略。後之君子反此，待己廉所以責人詳。成湯與人不求備，檢身若不及。上古之君子惟其責己重以周，所以待人輕以約，

成湯之與人不求備耶，其檢身若不及也。檢身若不及，責人何
暇求備乎？（注：《永樂大典》卷三〇〇三。）
曾棗莊、劉琳主編：《全宋文》（上海：上海辭書出版社，2006 年 8 月），
第 210 冊，卷 4668，「李樗」，頁 287-288。

二、黃櫄生平資料

（一）〔元〕脫脫等撰：《宋史》

黃櫄《詩解》二十卷
〔元〕脫脫等撰：《宋史》（北京：中華書局，1997 年 11 月），第 15
冊，卷 202，「志一百五十五・藝文一」，頁 5047。

（二）〔明〕黃仲昭著：《八閩通志》（弘治三年庚戌〔1490〕）

　　1.（淳熙）十四年丁未王容榜　黃櫄〔72〕（注：樵仲之弟）
許伯鳳　蕭珏（注：《寰宇志》無此三人。）（整理者注云：〔72〕
康熙《漳州府志・選舉》及乾隆《漳州府志・選舉》均作「黃櫄」。頁
282。）
〔明〕黃仲昭著：《八閩通志》（修訂本）（福州：福建人民出版社，2006
年 1 月），下冊，卷 51，「選舉・科第・漳州府」，頁 258。

　　2.（儒學）教授　林庚　黃櫄（俱紹熙間任）
〔明〕黃仲昭著：《八閩通志》（修訂本）（福州：福建人民出版社，2006
年 1 月），上冊，卷 34，「秩官・漳州府・教授」，頁 985。

　　3.黃櫄　字寔夫。樵仲之弟。淳熙中舍選。入對大庭，獻

十論，升進士內科。調南劍教官，篤意教導，日以龜山、了齋
之學勉諸生。有《詩解》、《中庸語孟解》。
〔明〕黃仲昭著：《八閩通志》（修訂本）（福州：福建人民出版社，2006
年1月），下冊，卷68，「人物‧儒林」，頁865-866。

（三）〔明〕劉天授、林啟等輯：嘉靖《龍溪縣志》（嘉靖十四年乙未〔1535〕）

1．孫昭先（注：見人物志）、余瑞人（注：乾道進士震弟）、
蔡盡忠（注：嘉祐進士瑗六世孫）、黃萬中、謝思孟、趙彥鑀（注：
見人物志）、陳經（注：見人物志）、黃樞（注：見人物志）、許
伯鳳、蕭珏（注：以上淳熙二年〔1175〕詹騤榜。）
〔明〕劉天授、林啟等輯：嘉靖《龍溪縣志》，《天一閣藏明代方志選
刊》第32冊（上海：上海古籍書店，1982年6月，據1965年12月
中華書局上海編輯所景印寧波天一閣藏明嘉靖刻本影印），《龍溪志》
卷7，「選舉‧進士」，頁4-5。

案：〔明〕黃仲昭《八閩通志》與〔明〕何喬遠《閩書》於
淳熙二年乙未（1175）詹騤榜所錄名有「黃符」而無「黃樞」。
〔明〕羅青霄修，謝彬纂萬曆《漳州府志》於宋科目表「淳熙
二年乙未詹騤榜」則未錄「黃符」或「黃樞」，至〔清〕乾隆《龍
溪縣志》則錄「黃符（注：備攷）」，不錄「黃樞」，嘉靖《龍溪
縣志》所載應誤。[14]

---

14 《八閩通志》：「淳熙二年乙未詹騤榜：孫昭先（注：太甫少卿。見《人物
　志》）、蔡盡忠（瑗之六世孫）、趙彥鑀（注：見《人物志》）、陳經（注：
　知封州）（注：俱龍溪人）、楊友諒（注：長泰人。令問三世孫。終推幕。
　《寰宇志》以為龍溪人。）、余瑞仁（注：曄之孫）、黃萬中、謝思孟、陳

2．黃檂　檂字寔夫。少穎異，樵仲之弟，御史預之孫也。淳熙間為太學生，無試不魁。該升上舍，忽內艱，訃至即奔喪。服闋，中舍選，入對大庭，獻十論，升進士丙科，朝士皆求識面。調南劍教官，日以龜山、了翁之學勉諸生。嘗考校南宮，知舉木尚書謂人曰：「經義非黃架閣不可。」時三魁皆檂所取。檂家居及在大學，受業常數百人，凡課程經其刪改者，用之皆為首選。武學諭萬夒實至塑像于家，朝夕瞻拜焉。有《詩解》行世，今《詩經大全》多採之。

〔明〕劉天授、林啟等輯：嘉靖《龍溪縣志》，《天一閣藏明代方志選刊》第 32 冊（上海：上海古籍書店，1982 年 6 月，據 1965 年 12 月中華書局上海編輯所景印寧波天一閣藏明嘉靖刻本影印），《龍溪志》卷 8，「人物‧儒林」，頁 16-17。

案：李清馥《閩中理學淵源考》列有〈清漳黃氏家世學派〉，以檂曾祖彥臣為首，次為從祖父碩、穎，末為兄樵仲及檂。祖

經、黃符、鄭元實（注：《寰宇志》無此五人）。」〔明〕黃仲昭著：《八閩通志》（修訂本）（福州：福建人民出版社，2006年1月），下冊，卷51，「選舉‧科第‧漳州府」，頁257-258。《閩書》：「淳熙二年乙未：孫昭先、余瑞人（注：震弟）、蔡盡忠（注：瑗六世孫）、黃萬中、謝思孟、陳經、黃符、鄭元實（注：自黃符而下，籍縣無考）。」〔明〕何喬遠編撰，廈門大學古籍整理研究所、歷史系古籍整理研究室《閩書》校點組校點：《閩書》（福州：福建人民出版社，1994年6月），第4冊，卷117，「英舊志‧縉紳‧漳州府‧龍溪縣一‧宋科第」，頁3520。案：原文條目下及人名之間有空格而無標點符號，其原注用括號加「注」字區分。〔明〕羅青霄修，謝彬纂：萬曆《漳州府志》（臺北：臺灣學生書局，1965年5月，萬曆元年〔1573〕刊本），卷15，「漳州府‧人物志上‧選舉‧宋科目表」，頁14，總頁266。〔清〕楊景素總裁、吳宜燮等纂修：乾隆《龍溪縣志》，《中國地方志集成》福建府縣志輯㉚（上海：上海書店出版社，2000年10月，乾隆二十七年〔1762〕刊本），第30冊，卷13，「選舉‧宋」，頁9，總頁133。

父預為彥臣第三子，於大觀三年（1109）登進士第。樵仲傳載
「淳熙五年（1178）與弟杰同登進士，弟檆亦以是年補入太學」，
[15]乾隆《龍溪縣志》、光緒《漳州府志》載同（詳下）。

　　案：黃檆丁憂服除後，再入太學，後登淳熙十四年丁未
（1187）王容榜進士，嘉靖《龍溪縣志》、萬曆《漳州府志》、《閩
書》、《宋元學案》、《福建通志》、光緒《漳州府志》皆曰升「進
士丙科」（詳下），《八閩通志》（詳上）、《閩中理學淵源考》、乾
隆《龍溪縣志》則曰「進士內科」（詳下）、《四庫提要》則云「進
士兩科」[16]，楊武泉辨提要「進士兩科」云：

　　　　考《宋史・選舉志》，紹興中太學制度，有外舍升內舍再
　　　　升上舍之制，但無「升進士兩科」之記載。嘉靖《龍溪
　　　　縣志》卷八《黃檆傳》：「服闋，中舍選，入對大廷，獻
　　　　十論，升進士丙科。」《宋元學案》卷三六黃檆小傳所載
　　　　同。宋代進士分五等，亦稱五甲，其第三甲亦稱丙科。「升

---

15 〈清漳黃氏家世學派〉列有〈少師黃叔燦先生彥臣〉，云：「子七人，願以
　　世賞入官，碩、預、穎、穎連登進士，顗、顯并累薦免省。姪孫渙、曾孫
　　樵仲、杰、檆皆踵世科，各有傳。」〈朝散黃若沖先生碩〉云：「彥臣第二
　　子，大觀三年（1109）以上舍生與弟預同登進士」、〈提點黃秀實先生穎〉、
　　〈錄參黃道夫先生樵仲〉、〈宣教郎黃實夫先生檆〉五人。〔清〕李清馥：《閩
　　中理學淵源考》，影印《文淵閣四庫全書》第 460 冊（臺北：臺灣商務印
　　書館，1984 年 7 月），卷 13，頁 4-5，總頁 207-209。樵仲、檆之父或名瀟，
　　據網路「黃氏宗親網・黃氏統譜・歷代凡例・黃贗世系【福建青山】」中
　　「鳴鳳房」10 世云「黃瀟，預公之子。」第 11 世「黃杰，瀟公之子」、「黃
　　檆，瀟公之子」、「黃仲，瀟公之子」，疑「黃仲」為「黃樵仲」，然則長幼
　　次序又不同。閱讀日期：2017 年 3 月 2 日，網址：
　　http://www.ihuang.org/b9-05-02-K%E9%BB%84%E8%86%BA.htm。
16 〔清〕紀昀等纂，魏小虎彙訂：《四庫全書總目彙訂》（上海：上海古籍出
　　版社，2012 年 12 月），第 1 冊，卷 15，「經部十五・詩類一」，頁 460。

進士丙科」者，入進士第三甲也。《總目》上文「兩科」
乃「丙科」之訛。[17]

「進士內科」或亦「進士丙科」之誤。

又《八閩通志》（詳上）、嘉靖《龍溪縣志》、萬曆《漳州府
志》、《宋元學案》同云黃樵「入對大庭，獻十論」（詳下）。《閩
書》後所述愈詳。《閩書》云「以舍選入對，獻十論於相王淮。」
《閩中理學淵源考》云：「以平等釋褐。願對大廷。尋遷舉錄，
獻十論於相王淮。」乾隆《龍溪縣志》「以例當釋褐，願對大廷。
□遷學錄，獻十論於相王淮。」《福建通志》「以平等釋褐，補
太學錄，獻十論於宰相王淮。」光緒《漳州府志》「以平等釋褐。
尋遷舉錄，獻十論於宰相。」（詳下）《閩中理學淵源考》提及
樵以平等釋褐，《宋史》載：

> 淳熙中，命諸生暇日習射，以斗力為等差，比類公、私
> 試，別理分數。自中興以來，四方之士，有本貫在學公
> 據，皆得就補。帝始加限節，命諸路州軍以解試終場人
> 數為準，其薦貢不盡者，令百取六人赴太學，謂之「待
> 補生」；其住本學及游學之類，一切禁止。元豐舊制，內
> 舍生校定，分優、平二等。優等再赴舍試，又入優，則
> 謂之兩優釋褐，中選者即命以京秩，除學官。至是，始
> 令先注職官，代還，注職事官，恩例視進士第二人。舊

17 楊武泉：《四庫全書總目辨誤》（上海：上海古籍出版社，2001 年 7 月），
頁 22。

校定歲額五六分為優選者，增為十分矣。[18]

又李心傳〈太學生校定新制〉云：

> 京都舊法，太學生外舍二千人，校定百人；內舍三百人，校定三十人。仍分優、平二等，優等再赴舍試，又入優等，則逕自學官之，恩數與進士第一人等，所謂釋褐狀元也。若入平等，則謂之一優一平，例得免省，直赴殿試。其次先免解，後免省，仍並有升甲恩例。[19]

蓋黃櫄於內舍生校定取得優等、舍試為平等，且取得赴殿試之資格。《宋會要輯稿》載：

> （淳熙）十三年（1186）三月二十四日，詔：「太學上舍生大職事劉愚等八人，兩陞甲一陞名黃穜（注：不願釋褐，願赴十四年殿試之人。）一陞甲兩陞名林彌明，一陞甲章斯才等八人，不充職事潘子直，並與釋褐，賜進士出身，給降敕牒袍笏。（注：以禮部國子監檢會十三年慶壽赦恩來上，故有是命。）內願赴十四年殿試者聽。」[20]

疑此願赴殿試的「黃穜」即是黃櫄，則黃櫄可能於十三年曾得

---

18 〔元〕脫脫等撰：《宋史》（北京：中華書局，1997 年 11 月），第 11 冊，卷 157，「志一百一十・選舉三」，頁 3670。

19 〔宋〕李心傳撰、徐規校點：《建炎以來朝野雜記》（北京：中華書局，2000 年 7 月），下冊，乙集，卷 15，〈取士・太學生校定新制〉，頁 778。

20 〔清〕徐松輯：《宋會要輯稿》（北京：中華書局，1957 年 11 月，據北京圖書館影印本複製重印），原第 107 冊，總第 5 冊，卷 5696，「貢舉進士科・選舉二」，原頁 24-25，總頁 4257。

釋褐之詔令（但未詳是否接受），於十四年（1187）赴殿試，進而登進士第。

案：據《八閩通志》（詳上）、《延平府志》（詳下），黃樵於紹熙間（1190-1194）任南劍教官。

案：黃樵於嘉泰二年壬戌（1202）嘗考校南宮，見載於嘉靖《龍溪縣志》、《閩中理學淵源考》、乾隆《龍溪縣志》、《福建通志》、光緒《漳州府志》，時任架閣，《福建通志》更詳云「尋召主管禮部架閣，嘉泰二年充省試考官」。架閣官者，《宋史》云：

> 主管架閣庫：掌儲藏帳籍文案以備用。擇選人有時望者為之。舊有管幹架閣庫官，宣和罷之，紹興十五年（1145）復置，吏、戶部各差一員，禮、兵部共差一員，刑、工部共差一員，以主管尚書某部架閣庫為名，從大理寺丞周枃請也。嘉定八年，又置三省、樞密院架閣官。[21]

李心傳論六部架閣官云：

> 六部架閣官者，崇寧間始置，迄宣和再置、再省。紹興三年，立六部架閣庫。十五年，復置官四人。舊制，成案留部二年，然後昇而藏之，又八年，則委之金耀門文書庫。今金耀門無復曩司，則悉藏之架閣矣。主管官號

21 〔元〕脫脫等撰：《宋史》（北京：中華書局，1997年11月），第12冊，卷163，「志一百一十六·職官三」，頁3865。

　　掌故，擇選有時望之人為之，例為編刪學官之選。[22]

黃櫄蓋有名望而入選。《宋會要輯稿》錄二條資料，疑與黃櫄相
關：

> 　　（嘉泰元年）八月五日，國子監發解，命監察御史
> 鄧友龍監試，軍器監林㮂、吏部郎中李景和、度支郎中
> 宇文紹節考試，秘書丞鍾必萬、大理寺丞胡元衡、太府
> 寺丞王煇、趙夢極、秘書省校書郎莫子純、大理寺主簿
> 張訴點檢試卷，避親別試秘書省校書郎張嗣古考試，主
> 管吏部架閣文字顧杞、**主管戶部架閣文字黃櫄**、國子監
> 書庫官高文善點檢試卷。[23]

> 　　慶元二年正月二十四日，命禮部侍郎木待問知貢
> 舉，起居郎王容、右正言施康年同知貢舉，樞密院檢詳
> 諸房文字宇文紹節、倉部郎中孟綸、監察御史鄧友龍、
> 宗正丞兼兼金部郎官張布、著作郎兼考功郎官蕭逵、大
> 理寺丞汪文振、胡元衡、秘書郎陸峻參詳，司農寺丞盛
> 庶、太府寺丞趙夢極、國子監丞朱欽則、秘書省校書郎
> 周夢詳、太常寺主簿葉宗魯、大理寺主簿張訴、監登聞
> 檢院鍾將之、監都進奏院曾槐、主管官告院黃景說、幹
> 辦諸司審計司陳鑄、幹辦諸軍審計司林行可、幹辦諸粮

22　〔宋〕李心傳撰、徐規校點：《建炎以來朝野雜記》（北京：中華書局，2000
　　年7月），下冊，乙集，卷13，〈官制一·六部架閣官〉，頁728-729。

23　〔清〕徐松輯：《宋會要輯稿》（北京：中華書局，1957年11月，據北京
　　圖書館影印本複製重印），原第115冊，總第5冊，卷13250，「宋會要選
　　試·選舉二一」，原頁9，總頁4590。

料院葉時、武學博士朱質、國子監主簿談鑰、大理評事李蔓卿、提轄文思院黃謙、**主管吏部架閣文字顧杞、主管戶部架閣文字黃櫄**、主管禮兵部架閣文字王庭之、監榷貨務都茶場尚朴點檢試卷，避親別試禮部員外郎顏械考試，司農寺丞余崇龜、提轄榷貨務都茶房場鞏嶸、國子監書庫官高文善點檢試卷。[24]

　　嘉泰元年（1201）載點檢試卷者有「主管戶部架閣文字黃繡」，慶元二年（應為嘉泰二年之誤）[25]有「主管戶部架閣文字黃櫄」，除非嘉泰元年與二年間曾遞相任命黃繡與黃櫄，否則兩者應同一人，「繡」為「櫄」之誤。且其官銜亦非如《福建通志》所云「尋召主管禮部架閣」。如此，則黃櫄於嘉泰元年、二年（1202）任主管戶部架閣文字官。

（四）〔明〕鄭慶雲、辛紹佐等纂輯：嘉靖《延平府志》
（嘉靖四年乙酉〔1525〕）

　　儒學教授　林庚　黃櫄（注：並紹熙間〔1190-1194〕任）

〔明〕鄭慶雲、辛紹佐等纂輯：嘉靖《延平府志》，《天一閣藏明代方

---

24 〔清〕徐松輯：《宋會要輯稿》（北京：中華書局，1957 年 11 月，據北京圖書館影印本複製重印），原第 116 冊，總第 5 冊，卷 13250，「宋會要考試‧選舉二二」，原頁 13-14，總頁 4601-4602。

25 《宋會要輯稿》於「舉士」載「（慶元）二年三月九日，以吏部尚書葉翥知貢舉，吏部侍郎倪思、右諫議大夫劉德秀同知貢舉，得合格奏名進士莫子純以下三百八十八人。」「（嘉泰）二年三月一日，以禮部侍郎木待問知貢舉，起居郎王容、右正言施康年同知貢舉，得合格奏名進士傅行簡以下三百二十五人。」見〔清〕徐松輯：《宋會要輯稿》（北京：中華書局，1957 年 11 月，據北京圖書館影印本複製重印），原第 107 冊，總第 5 冊，卷 10645，「宋續會要舉士十一‧選舉一之二六」，頁 25、26，總頁 4243。

志選刊》第 29 冊（上海：上海古籍書店，1982 年 6 月，據 1961 年 12 月上海古籍書店據寧波天一閣藏明嘉靖刻本景印），《延平府志》卷 7，「官師志卷之二·歷官·文職」，頁 4。

（五）〔明〕羅青霄修，謝彬纂：萬曆《漳州府志》
（萬曆元年癸酉〔1573〕）

1.（進士欄）十四年丁未王容榜 黃檁（注：樵仲之弟，宣教郎，有傳）

〔明〕羅青霄修，謝彬纂：萬曆《漳州府志》（臺北：臺灣學生書局，1965 年 5 月，萬曆元年〔1573〕刊本），卷 15，「漳州府·人物志上·選舉·宋科目表」，頁 14，總頁 267。

2.檁字寔夫，樵仲之弟。淳熙中舍選，入對大廷，獻十論，升進士丙科。調南劍校官。篤意教導，日以龜山、了翁之學勉諸生。官終宣教郎。有《詩解》、《中庸語孟解》（注：《通志》）。

〔明〕羅青霄修，謝彬纂：萬曆《漳州府志》（臺北：臺灣學生書局，1965 年 5 月，萬曆元年〔1573〕刊本），卷 16，「龍溪縣·人物志中·鄉賢·宋鄉賢傳」，頁 7，總頁 292。

（六）〔明〕何喬遠：《閩書》

1.黃檁　□□中教授。〔五〕（見漳州縉紳）（整理者註〔五〕「中教授」上，各本原闕二字，《八閩通志》作「紹熙」。頁 1600。）

〔明〕何喬遠編撰，廈門大學古籍整理研究所、歷史系古籍整理研究室《閩書》校點組校點：《閩書》（福州：福建人民出版社，1994 年 6 月），第 2 冊，卷 57，「文蒞志·延平府·宋南劍州·幕僚、教官賢者

附後」，頁 1597。

2.（淳熙）十四年丁未（1187） 黃櫄（注：預孫） 許伯鳳
蕭珏

〔明〕何喬遠編撰，廈門大學古籍整理研究所、歷史系古籍整理研究
室《閩書》校點組校點：《閩書》（福州：福建人民出版社，1994 年 6
月），第 4 冊，卷 117，頁 3526，「英舊志・縉紳・漳州府・龍溪縣一・
宋科第」，頁 3721。

3.櫄 字實夫。家居及在太學，授業常數百，浙、廣名士
多出其門。淳熙中，以舍選入對，獻十論於相王淮，升進士丙
科。調南劍教授，日以龜山、了翁之學勵士。終宣教郎。有《詩
解》、《中庸語孟解》。

〔明〕何喬遠編撰，廈門大學古籍整理研究所、歷史系古籍整理研究
室《閩書》校點組校點：《閩書》（福州：福建人民出版社，1994 年 6
月），第 4 冊，卷 117，「英舊志・縉紳・漳州府・龍溪縣一・宋科第」，
頁 3526。

（七）〔清〕黃宗羲原著，全祖望補修：《宋元學案》

〈紫薇學案・三山學侶・宣教黃先生櫄〉

黃櫄，字實夫（雲濠案：先生名一作槁），漳州人，樵仲之
弟。淳熙中舍選，入對大廷，獻十論，升進士丙科，調南劍州
教授。三山講學之侶，二李與林其眉目，而先生亦翹楚也。迁
仲解《毛詩》，先生足之，兼傳龜山、了齋之學。官終宣教郎。
有《詩解》，《中庸》、《語》、《孟解》。（修。）

〔清〕黃宗羲原著，全祖望補修，陳金生、梁運華點校：《宋元學案》（北京：中華書局，1986 年 12 月），第 2 冊，卷 36，頁 1249。

（八）〔清〕朱彝尊：《經義考》

黃氏櫄《詩解》
二十卷。〈總論〉一卷。
存。

　　《閩書》：「櫄，字實夫，龍谿人。淳熙中，以舍選入對升進士丙科，調南劍教授，終宣教郎。」
〔清〕朱彝尊原著，侯美珍、黃智信、汪嘉玲、張惠淑點校：《點校補正經義考》第 4 冊（臺北：中央研究院中國文哲所，1998 年 6 月），卷 108，頁 75。

（九）李清馥：《閩中理學淵源考》

1.〈錄參黃道夫先生樵仲〉

　　黃樵仲，字道夫。預之孫，彥臣之曾孫也。淳熙五年（1178）與弟杰同登進士，弟櫄亦以是年補入太學。
〔清〕李清馥：《閩中理學淵源考》，影印《文淵閣四庫全書》第 460 冊（臺北：臺灣商務印書館，1984 年 7 月），卷 13，頁 4-5，總頁 208。

2.〈宣教郎黃實夫先生櫄〉

　　黃櫄，字實夫，預之孫，彥臣之曾孫也。未冠，賦〈南浦歌〉，膾炙人口。淳熙中，補入太學，未升上舍，丁內艱歸。服除，參告，隨中舍選，以平等釋褐。願對大廷。尋遷舉錄，獻十論於相王淮。丁未升進士內科，臚唱之日，朝士皆求識其面。

櫨家居及在太學，受業常數百人，由浙至廣，名士多出其門。初，調南劍教官，篤意教導，日以龜山、了翁勉勵諸生，又關貢院，請諸臺閫以助其役。嘉泰壬戌（二年〔1202〕）預考南宮，尚書木公謂人曰：「經義非黃架閣不收。」《詩》三魁皆櫨所取，衆賀得人。金壇王遂卷已被黜，櫨得之，批云：「此必博洽奇特之士。」王與收，謝曰：「遂終身何敢負先生？」時將有召試之命，而櫨逝矣。官止宣教郎，有《詩解》行世，有《中庸語孟解》，《文集》十餘卷，未刊，士紳多藏之。

〔清〕李清馥：《閩中理學淵源考》，影印《文淵閣四庫全書》第 460 冊（臺北：臺灣商務印書館，1984 年 7 月），卷 13，頁 4-5，總頁 208-209。

（十）〔清〕楊景素總裁，吳宜燮等纂修：乾隆《龍溪縣志》
（乾隆二十七年壬午〔1762〕）

1.（淳熙）十四年丁未王容榜　黃櫨（注：預孫，有傳）　許伯鸞（鸞，舊志訛作鳳，有傳）　蕭珏

〔清〕楊景素總裁，吳宜燮等纂修：乾隆《龍溪縣志》，《中國地方志集成》福建府縣志輯㉚（上海：上海書店出版社，2000 年 10 月，乾隆二十七年〔1762〕刊本），第 30 冊，卷 13，「選舉・宋」，頁 10，總頁 134。

2. 黃樵仲，字道夫。預之孫，彥臣之曾孫也。淳熙五年（1178）與弟杰同登進士，弟櫨亦以是年補入太學。

〔清〕楊景素總裁，吳宜燮等纂修：乾隆《龍溪縣志》，《中國地方志集成》福建府縣志輯㉚（上海：上海書店出版社，2000 年 10 月，乾隆二十七年〔1762〕刊本），第 30 冊，卷 15，「人物・儒林」，頁 31，

總頁 192。

　　3．黃櫄，字實夫，預之孫。未冠，賦〈南浦歌〉，膾炙人
口。淳熙中入太學，丁內艱，歸。服除，以例當釋褐，願對大
廷。*弈*（案：此字原文漫漶難辨）遷學錄，獻十論於相王淮。
丁未登進士內科，臚唱之日，朝士皆求識其面。櫄家居及在太
學，受業常數百人。浙、廣名士多出其門。初調南劍教官，日
以龜山、了翁勉勵諸生，又闢貢院，請諸臺閫以助其役。嘉泰
壬戌與考南宮，尚書木某謂人曰：「經義非黃架閣不收。」時三
魁皆櫄所取，眾賀得人。金壇王遂卷已被黜，櫄得之，謂：「此
必博洽奇特之士。」得與收，官止宣教郎，有《詩解》、《中庸
語孟解》十餘卷。
〔清〕楊景素總裁，吳宜燮等纂修：乾隆《龍溪縣志》，《中國地方志
集成》福建府縣志輯㉚（上海：上海書店出版社，2000 年 10 月，乾
隆二十七年〔1762〕刊本），第 30 冊，卷 15，「人物・文苑」，頁 39，
總頁 196。

　　4．黃櫄　《詩解》、《中庸語孟解》、《文集》十卷。
〔清〕楊景素總裁，吳宜燮等纂修：乾隆《龍溪縣志》，《中國地方志
集成》福建府縣志輯㉚（上海：上海書店出版社，2000 年 10 月，乾
隆二十七年〔1762〕刊本），第 30 冊，卷 22，「藝文・著書總目」，頁
1，總頁 305。

（十一）〔清〕紀昀等纂：《四庫全書總目提要》

《毛詩集解》四十二卷，內府藏本
　　不著編錄人名氏。集宋李樗、黃櫄兩家《詩》解為一編，

而附以李泳所訂呂祖謙《釋音》。樗字若林①，閩縣人，嘗領鄉貢。著《毛詩詳解》三十六卷。櫄字實夫，龍溪人。淳熙中以舍選入對，升進士兩科②。調南劍州教授，終宣教郎。著《詩解》二十卷，《總論》一卷。泳字深卿，始末未詳，與樗、櫄皆閩人。疑是書為建陽書肆所合編也。樗為林之奇外兄，（見《書錄解題》。）又為呂本中門人，（見何喬遠《閩書》。）其學問具有淵源。《書錄解題》稱其書「博取諸家訓釋名物文義，末用己意為論斷」。今觀櫄解，體例亦同。似乎相繼而作，而稍稍補苴其罅漏，不相攻擊，亦不相附合。如論《詩序》，樗取蘇轍之說，以為毛公作而衛宏續；櫄則用王安石、程子之說，以為非聖人不能作。所見迥為不同。其學雖似少亞於樗，而其說實足以相輔。編是書者惟音釋取呂祖謙，而訓釋之文則置《讀詩記》而取樗、櫄。殆亦以二書相續，如驂有靳，故不欲參以他說歟？

【彙訂】

②嘉靖《龍溪縣志》卷八《黃櫄傳》與《宋元學案》卷三十六《黃櫄小傳》皆載「升進士丙科」，即入進士第三甲。（同上）

〔清〕紀昀等纂，魏小虎彙訂：《四庫全書總目彙訂》（上海：上海古籍出版社，2012 年 12 月），第 1 冊，卷 15，「經部十五‧詩類一」，頁 460-461。

（十二）翁方剛：《通志堂經解目錄》

　　《毛詩集解》四十二卷。宋李樗、黃櫄。此書閩縣李迃仲、龍谿黃實夫二家，卷前各有詳說總論，其卷內黃氏又引李迃仲說，蓋黃在李後，或是本相續而作，互為補苴，併為一書，故無合編姓氏也。

〔清〕翁方剛：《通志堂經解目錄》（臺北：廣文書局，1968 年 3 月），

頁 461。

（十三）〔清〕陳壽祺等修纂：《福建通志》（同治十年辛未〔1871〕）

1．《毛詩解》二十卷（注：黃櫄撰）《總論》一卷、《詩序解》一卷、《中庸語孟解》、《黃教授文集》十卷（注：櫄淳熙十四年進士，傳見儒林。）

〔清〕陳壽祺等修纂：《福建通志》，《中國省志彙編》之九（臺北：華文書局股份有限公司，1968 年 10 月，同治〔1871〕十年重刊本），第4 冊，卷 74，「經籍・宋經籍」，頁 2，總頁 1533。

2．淳熙十四年丁未王容榜　黃櫄（注：預孫，見儒林傳）許伯鸞（注：知江州，歲饑發倉，不待報可，活者數千人，以母老致仕。）　蕭珏

〔清〕陳壽祺等修纂：《福建通志》，《中國省志彙編》之九（臺北：華文書局股份有限公司，1968 年 10 月，同治〔1871〕十年重刊本），第6 冊，卷 149，「科舉・宋科目」，頁 20，總頁 2610。

3．櫄，字實夫。曾祖彥臣自有傳。櫄未冠，作〈南浦歌〉，傳頌人口。淳熙中入太學，中舍選，以平等釋褐，補太學錄，獻十論於宰相王淮。十四年登進士丙科，唱第日，朝士爭識其面。櫄湛深經術，家居及在太學受業者常數百人。初調南劍州教授，日以楊時、陳瓘諸前修勵諸生。尋召主管禮部架閣，嘉泰二年充省試考官，尚書木待問謂人曰：「經義非黃架閣所取不收。」時三經魁皆出櫄門，眾賀得人。金壇王遂，知名士也。卷已黜，櫄得之，喜曰：「此必博洽奇特之英。」得不黜。官止宣教郎。同邑林師德，字叔正，紹熙元年特奏名。初任廣州東

莞縣尉，改承奉郎、武岡軍簽判，後歸，講學鄉里，為學者所宗，與欐齊名。

〔清〕陳壽祺等修纂：《福建通志》，《中國省志彙編》之九（臺北：華文書局股份有限公司，1968 年 10 月，同治十年〔1871〕重刊本），第 8 冊，卷 188，「人物・宋儒林・龍溪縣」，頁 6-7，總頁 3403-3404。

（十四）〔清〕沈定均等纂修：光緒《漳州府志》（光緒三年丁丑〔1877〕）

1.（淳熙）十四年丁未王容榜　黃欐（注：預孫，南劍教官）許伯鸞（金部員外郎，海澄人）　蕭玨（龍溪人）

〔清〕沈定均等纂修：光緒《漳州府志》，《中國地方志集成》福建府縣志輯㉙（上海：上海書店出版社，2000 年 10 月，光緒三年〔1877〕刊本），第 29 冊，卷 16，「選舉一・宋進士」，頁 10，總頁 288。

2. 樵仲，字道夫。淳熙五年（1178）與弟杰同登進士第，欐亦以是年入太學。

〔清〕沈定均等纂修：光緒《漳州府志》，《中國地方志集成》福建府縣志輯㉙（上海：上海書店出版社，2000 年 10 月，光緒三年〔1877〕刊本），第 29 冊，卷 16，「人物一・宋列傳」，頁 11，總頁 554。

3. 欐，字實夫。未冠，作〈南浦歌〉，傳頌人口。淳熙中入太學，旋丁內艱，歸。服除，復入大學。中舍選，以平等釋褐。尋遷舉錄，獻十論於宰相王淮。丁未登進士丙科，唱第之日，朝士爭識其面。欐家居及在太學，受業常數百人。初調南劍教官，篤意教導，日以龜山、了翁諸前修勵諸生。嘉泰壬戌辟考士南宮，尚書木公謂人曰：「經義非黃架閣所取不收。」時

三經魁皆出橢門，衆賀得人。金壇王遂，名士也。卷已黜，橢得之，喜曰：「此必博洽奇特之英。」得不黜，遂及門謝曰：「遂終身不敢負先生。」先生官止宣教郎，有《詩經解》行世、《中庸語孟解》及文集十餘卷。未及刊，士紳多藏之。

〔清〕沈定均等纂修：光緒《漳州府志》，《中國地方志集成》福建府縣志輯㉙（上海：上海書店出版社，2000 年 10 月，光緒三年〔1877〕刊本），第 29 冊，卷 16，「人物一‧宋列傳」，頁 11，總頁 554。

4．黃橢　《中庸語孟解》、《詩解》

〔清〕沈定均等纂修：光緒《漳州府志》，《中國地方志集成》福建府縣志輯㉙（上海：上海書店出版社，2000 年 10 月，光緒三年〔1877〕刊本），第 29 冊，卷 41，「藝文一‧著書總目」，頁 2，總頁 963。

【附錄】曾棗莊、劉琳主編《全宋文》所收黃橢〈三十五橋記〉

黃橢，字實夫，漳州龍溪（今福建漳州）人，預孫。淳熙中入太學，十四年登進士第。調南劍州教官，日以陳瓘、楊時之學勉諸生。家居及在太學，受業常數百人。凡課程經其刪改者，用之皆為首選。官終宣教郎。著有《詩解》、《中庸語孟解》及文集十餘卷。見嘉靖《龍溪縣志》卷八、《閩中理學淵源考》卷一三。

曾棗莊、劉琳主編：《全宋文》（上海：上海辭書出版社，2006 年 8 月），第 293 冊，卷 6674，「黃橢」，頁 208。

黃橢〈三十五橋記〉

皇宋慶元四年（1198）夏六月丁卯，漳州由南譙門達于彰浦，造橋三十有五所。越明年春正月（1199）甲寅，咸告厥功。

嘻，此百世之偉績也！彰浦距城百二十里而遠，崖谷傾亞，高
下之勢，谺然窊然，斜川斷港，湍注奔溢。春霖秋潦，交流之
勢益悍，往來憧憧，睋視咨嗟，疇克拯之？太府寺丞傅公來蒞
州事，內外修明，百廢具舉，期年政洽，田里歡康。益思所以
利人於遠，乃命龍溪宰李君鼎經度橋事。或曰：役衆費廣，未
易猝辦，請叢貫鉅木以濟。公曰：「非所以為後圖，必伐石為之
乃可。」擇僧徒之可任者分督焉，不用官府文書科役百姓。工
醻其直，民勸而趨，不競不讙，譚笑而集。出州行五十五里，
即漳浦界，為橋四：曰亭兜；曰桃李徑；曰謝倉；曰岑兜。惟
馬口舊有大橋，缺圮，而重修之。自兩邑界至于三古坑，為橋
九：曰赤嶺，上下二橋；曰冷水坑；曰洋甗；曰李林；惟三古
坑，其橋四。此地灌莽蕘石，澗水旁出，故橋特多。自三古坑
至于邑，為橋十有三：曰烏石徑；曰草屨嶺；曰吳徑；曰茭蓼
潭，其壯大尤為諸橋之冠；曰新坑；曰檬林；曰黃林；曰虎深
坑；曰陳壋；曰橫漳，其橋二；曰龍山莊；曰葵坑。其間又有
小橋九，不著名，悉皆堅好。共長九百五十尺有奇，廣狹不齊，
隨地之宜。橋既立矣，復砌石治道，夷其險阻。凡一千二百餘
丈，靡金錢五百萬。公節用愛人，不事游觀。每與官僚語及財
賦，惻然曰：「生民膏血也！」獨至於捐利與民，及為民興利，
了無靳色，曰：「州郡他無妄費，則惠可及百姓矣。」行道之人
去危履坦，踴躍歌舞，願紀其實，以詒來者。甘棠道周，有石
巍然，幾世幾年，可磨可鑴，若有待焉。郡人黃櫄拂石大書：
祝公之操，如此石堅。石不可朽，公名永傳。定此休功，以濟
巨川。父老來觀，相與告戒曰：「無愧召公，勿伐勿拜。」（注：
今圖書集成》職方典卷一一〇六。又見道光《福建通志》卷二
九，光緒《漳州府志》卷四三。）

曾棗莊、劉琳主編：《全宋文》（上海：上海辭書出版社，2006 年 8 月），
第 293 冊，卷 6674，「黃櫄」，頁 208-209。

　　案：此文應作於宋慶元五年（1199）。嘉靖《龍溪縣志》載
李鼎任龍溪知縣在丁未慶元三年（1197），云：「李鼎以奉議郎
即三月任」「歷戊午、己未」。[26]「太府寺丞傅公」者為傅伯成，
萬曆《漳州府志》秩官志載「三年以朝散大夫任，伯壽之弟，
有傳。」其傳云：「傅伯成，字景初，字景初。初由將作監進大
府寺丞。……慶元三年以朝散大夫知漳州，以律己愛民為本，
推文公遺意以遵行之。創惠民藥局，醫治民病，以革機鬼之俗。
自郡而南，造橋三十五所，治道千百二丈。」[27]

26　〔明〕劉天授、林啟等輯：嘉靖《龍溪縣志》，《天一閣藏明代方志選刊》
　　第 32 冊（上海：上海古籍書店，1982 年 6 月，據 1965 年 12 月中華書局
　　上海編輯所景印寧波天一閣藏明嘉靖刻本影印），《龍溪志》卷 5，「官師·
　　官師表」，頁 8。
27　以上分見〔明〕羅青霄修，謝彬纂：萬曆《漳州府志》（臺北：臺灣學生
　　書局，1965 年 5 月，萬曆元年〔1573〕刊本），卷 3，「漳州府·秩官志上·
　　歷官·宋官表」，頁 18，總頁 46；卷 4，「漳州府·秩官志上·名宦·宋名
　　宦傳」，頁 12-13，總頁 72-73。

〈李樗、黃櫄生平資料彙編〉徵引文獻

一、李　樗

（一）生平方面

〔宋〕呂本中：〈和伯少穎迁仲將歸福唐偶成數詩欲奉寄無便未
　　　果也辰叔常季南還因以奉送〉，傅璇琮等主編，北京大學
　　　古文獻研究所編：《全宋詩》第 28 冊，北京：北京大學
　　　出版社，1998 年 4 月。

〔宋〕林之奇：〈李和伯行狀〉、〈祭李和伯文〉、〈代舅祭迁
　　　仲文一〉、〈代舅祭迁仲文二〉、〈祭迁仲文〉，曾棗莊、劉
　　　琳主編：《全宋文》第 208 冊，上海：上海辭書出版社，
　　　2006 年 8 月。

〔宋〕呂祖謙：〈祭林宗丞文〉，曾棗莊、劉琳主編：《全宋文》
　　　第 262 冊，上海：上海辭書出版社，2006 年 8 月。

〔宋〕黃榦：〈處士潘君立之行狀〉，曾棗莊、劉琳主編：《全宋
　　　文》第 288 冊，上海：上海辭書出版社，2006 年 8 月。

〔宋〕姚同：〈拙齋先生行實〉，曾棗莊、劉琳主編：《全宋文》
　　　第 306 冊，上海：上海辭書出版社，2006 年 8 月。

〔宋〕真德秀：〈國子監主簿李公墓誌銘〉，曾棗莊、劉琳主編：
　　　《全宋文》第 314 冊，上海：上海辭書出版社，2006 年
　　　8 月。

〔宋〕陳振孫：《直齋書錄解題》，上海：上海古籍出版社，1987
　　年 12 月。

〔宋〕劉克莊：〈秘書少監李公墓表〉，曾棗莊、劉琳主編：《全
　　宋文》第 332 冊，上海：上海辭書出版社，2006 年 8 月。

〔宋〕黃震：《黃氏日抄》，影印《文淵閣四庫全書》第 707 冊，
　　臺北：臺灣商務書局，1985 年 2 月。

〔宋〕王應麟著；〔清〕翁元圻等校注，欒保羣，田松青，呂宗
　　力校點：《困學紀聞・雜識》（全校本），上海：上海古籍
　　出版社，2008 年 12 月。

〔元〕脫脫等撰：《宋史》，北京：中華書局，1997 年 11 月。

〔元〕馬端臨：《文獻通考》，影印《文淵閣四庫全書》第 614
　　冊，臺北：臺灣商務印書館，1984 年 10 月。

〔明〕陳循等撰：《寰宇通志》，收於《玄覽堂叢書續集》，臺北：
　　國立中央圖書館出版，正中書局發行印刷，1985 年 12 月，
　　明景泰間內府刊初印本。

〔明〕黃仲昭著：《八閩通志》（修訂本），福州：福建人民出版
　　社，2006 年 1 月。

〔明〕葉溥、張孟敬纂修，福州市地方志編纂委員會整理點校：
　　正德《福州府志》，福州：海風出版社，2001 年 7 月。

〔明〕何喬遠編撰，廈門大學古籍整理研究所、歷史系古籍整
　　理研究室《閩書》校點組校點：《閩書》，福州：福建人
　　民出版社，1994 年 6 月。

〔明〕潘頤龍修，林燫纂：萬曆《福州府志》，《日本藏中國罕
　　見地方志叢刊》第 9 冊，北京：書目文獻出版社，1990
　　年 2 月據日本內閣文庫藏明萬曆 24 年（1596）刻本影印。

〔明〕喻政主修，福州市地方志編纂委員會整理點校：萬曆《福
　　　州府志》，福州：海風出版社，2001 年 7 月。

〔清〕黃宗羲原著，全祖望補修，陳金生、梁運華點校：《宋元
　　　學案》，北京：中華書局，1986 年 12 月。

〔清〕朱彝尊原著，侯美珍、黃智信、汪嘉玲、張惠淑點校：《點
　　　校補正經義考》，臺北：中央研究院中國文哲所，1998 年
　　　6 月。

〔清〕徐景熹總裁，魯曾煜等纂修：乾隆《福州府志》，《中國
　　　地方志集成》福建府縣志輯①，上海：上海書店出版社，
　　　2000 年 10 月，乾隆十九年（1754）刊本。

〔清〕紀昀等纂，魏小虎彙訂：《四庫全書總目彙訂》，上海：
　　　上海古籍出版社，2012 年 12 月。

〔清〕翁方剛：《通志堂經解目錄》，臺北：廣文書局，1968 年
　　　3 月。

〔清〕陳壽祺等修纂：《福建通志》，《中國省志彙編》之九，臺
　　　北：華文書局股份有限公司，1968 年 10 月，同治十年
　　　（1871）重刊本。

〔清〕陸心源輯撰：《宋史翼》，北京：中華書局，1991 年 12 月。

〔清〕朱景星修，鄭祖庚纂，福州市地方志編纂委員會整理點
　　　校：《閩縣鄉土志》，福州：海風出版社，2001 年 7 月。

（二）辨證方面

〔宋〕梁克家修纂，福州市地方志編輯委員會整理：淳熙《三
　　　山志》，福州：海風出版社，2000 年 8 月。

〔宋〕李泳：〈祭呂祖謙文〉，曾棗莊、劉琳主編：《全宋文》第

277 冊，上海：上海辭書出版社，2006 年 8 月。

〔宋〕姚同：〈拙齋先生行實〉，曾棗莊、劉琳主編：《全宋文》
　　　第 306 冊，上海：上海辭書出版社，2006 年 8 月。

〔宋〕劉克莊：〈迂齋標註古文序〉，曾棗莊、劉琳主編：《全宋
　　　文》第 329 冊，上海：上海辭書出版社，2006 年 8 月

〔宋〕陳振孫：〈迂齋先生標注崇古文訣序〉，《全宋文》第 333
　　　冊，上海：上海辭書出版社，2006 年 8 月。

〔宋〕真德秀：〈國子監主簿李公墓誌銘〉，曾棗莊、劉琳主編：
　　　《全宋文》第 314 冊。

〔宋〕真德秀：〈國子監主簿李公墓誌銘〉，《西山文集》，影印
　　　《文淵閣四庫全書》第 1174 冊，臺北：臺灣商務書館，
　　　1985 年 9 月。

〔宋〕真德秀：〈國子監主簿李公墓誌銘〉，《西山先生真文忠公
　　　文集》，收於舒大剛主編、四川古籍整理研究所編：《宋
　　　集珍本叢刊》第 76 冊，北京：線裝書局，2004 年 6 月，
　　　據明正德刻本影印。

〔元〕脫脫等撰：《宋史》，北京：中華書局，1997 年 11 月。

〔清〕余保純等修，黃其勤纂：《直隸南雄州志》，《中國方志叢
　　　書》第 60 號，臺北：成文出版社，1967 年 12 月，道光
　　　四年（1824）刊本。

王兆鵬：〈呂本中年譜〉，《兩宋詞人年譜》，臺北：文津出版社，
　　　1994 年 9 月。

朱學博：《林之奇及其《尚書全解》研究》，上海：華東師範大
　　　學碩士學位論文，2014 年 4 月。

姚同著，林和燦注：〈林之奇行實〉，「中華林氏（浙南）源流網」，

網址：http://www.znls.net/news/?2464.html。

梁庚堯：〈宋代福州士人與舉業〉，《東吳歷史學報》11 期，2004
　　年 6 月），頁 175-213。

黃忠慎：〈尊《序》？反《序》？——析論《毛詩李黃集解》的
　　解《詩》立場〉，《臺大文史哲學報》第 76 期，2012 年 5 月，
　　頁 1-27。

黃忠慎：〈析論《毛詩李黃集解》對北宋《詩》解的取捨現象—
　　—以李樗為主的考察〉，《國文學報》55 期，2014 年 6 月，
　　頁 99-130。

楊武泉：《四庫全書總目辨誤》，上海：上海古籍出版社，2001
　　年 7 月。

二、黃　樵

（一）生平方面

〔元〕脫脫等撰：《宋史》，北京：中華書局，1997 年 11 月。

〔明〕黃仲昭著：《八閩通志》（修訂本），福州：福建人民出版
　　社，2006 年 1 月。

〔明〕劉天授、林啟等輯：嘉靖《龍溪縣志》，《天一閣藏明代
　　方志選刊》第 32 冊，上海：上海古籍書店，1982 年 6 月，
　　據 1965 年 12 月中華書局上海編輯所景印寧波天一閣藏
　　明嘉靖刻本影印。

〔明〕鄭慶雲、辛紹佐等纂輯：嘉靖《延平府志》，《天一閣藏
　　明代方志選刊》第 29 冊，上海：上海古籍書店，1982 年

6 月，據 1961 年 12 月上海古籍書店據寧波天一閣藏明嘉靖刻本景印。

〔明〕羅青霄修，謝彬纂：萬曆《漳州府志》，臺北：臺灣學生書局，1965 年 5 月，萬曆元年（1573）刊本。

〔明〕何喬遠編撰，廈門大學古籍整理研究所、歷史系古籍整理研究室《閩書》校點組校點：《閩書》，福州：福建人民出版社，1994 年 6 月。

〔清〕黃宗羲原著，全祖望補修，陳金生、梁運華點校：《宋元學案》，北京：中華書局，1986 年 12 月。

〔清〕朱彝尊原著，侯美珍、黃智信、汪嘉玲、張惠淑點校：《點校補正經義考》，臺北：中央研究院中國文哲所，1998 年6 月。

〔清〕李清馥：《閩中理學淵源考》，影印《文淵閣四庫全書》第 460 冊，臺北：臺灣商務印書館，1984 年 7 月。

〔清〕楊景素總裁，吳宜燮等纂修：乾隆《龍溪縣志》，《中國地方志集成》福建府縣志輯㉚，上海：上海書店出版社，2000 年 10 月，乾隆二十七年（1762）刊本。

〔清〕紀昀等纂，魏小虎彙訂：《四庫全書總目彙訂》，上海：上海古籍出版社，2012 年 12 月。

〔清〕翁方剛：《通志堂經解目錄》，臺北：廣文書局，1968 年3 月。

〔清〕陳壽祺等修纂：《福建通志》，《中國省志彙編》之九，臺北：華文書局股份有限公司，1968 年 10 月，同治十年（1871）重刊本。

〔清〕沈定均等纂修：光緒《漳州府志》，《中國地方志集成》

　　福建府縣志輯㉙，上海：上海書店出版社，2000 年 10 月，
　　光緒三年（1877）刊本。

（二）辨證方面

〔宋〕李心傳著，徐規校點：《建炎以來朝野雜記》，北京：中
　　華書局，2000 年 7 月。
〔清〕徐松輯：《宋會要輯稿》，北京：中華書局，1957 年 11 月，
　　據北京圖書館影印本複製重印。
曾棗莊、劉琳主編：《全宋文》，上海：上海辭書出版社，2006
　　年 8 月。
楊武泉：《四庫全書總目辨誤》，上海：上海古籍出版社，2001
　　年 7 月。
「黃氏宗親網・黃氏統譜・歷代凡例・黃膺世系【福建青山】・
　　鳴鳳房世系」，網址：http://www.ihuang.org/b9-05-02-K%E9%
　　BB%84%E8%86%BA.htm。